A DESEDUCAÇÃO DO NEGRO

Copyright da tradução e desta edição © 2021 by Edipro Edições Profissionais Ltda.

Título original: *The Mis-Education of the Negro*. Publicado originalmente nos Estados Unidos em 1933 pela Associated Publishers. Traduzido com base na 1ª edição.

Todos os direitos reservados. Nenhuma parte deste livro poderá ser reproduzida ou transmitida de qualquer forma ou por quaisquer meios, eletrônicos ou mecânicos, incluindo fotocópia, gravação ou qualquer sistema de armazenamento e recuperação de informações, sem permissão por escrito do editor.

Grafia conforme o novo Acordo Ortográfico da Língua Portuguesa.

1ª edição, 2ª reimpressão 2023.

Editores: Jair Lot Vieira e Maíra Lot Vieira Micales
Coordenação editorial: Fernanda Godoy Tarcinalli
Produção editorial: Carla Bettelli
Edição de textos: Marta Almeida de Sá
Assistente editorial: Thiago Santos
Preparação de texto: Lorrane Fortunato
Revisão: Marta Almeida de Sá e Tatiana Y. Tanaka Dohe
Diagramação: Estúdio Design do Livro
Capa: Leticia Antonio

Dados Internacionais de Catalogação na Publicação (CIP)
(Câmara Brasileira do Livro, SP, Brasil)

Godwin Woodson, Carter, 1875-1950.
  A (des)educação do negro / Carter Godwin Woodson ; tradução e notas de Naia Veneranda ; prefácio Emicida. – São Paulo : Edipro, 2021.

  Título original: The Mis-Education of the Negro
  ISBN 978-65-5660-038-3 (impresso)
  ISBN 978-65-5660-039-0 (e-pub)

  1. Afro-americanos – Condições sociais – Até 1964 2. Afro-americanos – Educação 3. Afro-americanos – Emprego 4. Discriminação na educação – Estados Unidos I. Emicida. II. Título.

21-57194   CDD-371.82996073

Índice para catálogo sistemático:
1. Afro-americanos : Estados Unidos : Educação : 371.82996073

Maria Alice Ferreira – Bibliotecária – CRB-8/7964

São Paulo: (11) 3107-7050 • Bauru: (14) 3234-4121
www.edipro.com.br • edipro@edipro.com.br
@editoraedipro   @editoraedipro

O livro é a porta que se abre para a realização do homem.
Jair Lot Vieira

A DESEDUCAÇÃO DO NEGRO

CARTER G. WOODSON

Prefácio
EMICIDA
Um dos mais reconhecidos compositores do rap nacional, gravou um single para o filme *Pantera Negra*. Escreveu dois livros infantis, publicados pela Companhia das Letrinhas: *E foi assim que eu e a escuridão ficamos amigas* e *Amoras*.

Tradução
NAIA VENERANDA

SUMÁRIO

Prefácio 7

Prefácio do autor 11

I. A raiz do problema 13

II. Como erramos o alvo 18

III. Como nos afastamos da verdade 22

IV. Educação sob controle externo 27

V. O fracasso ao aprender a ganhar a vida 34

VI. O Negro educado deixa as massas 41

VII. Dissensão e fraqueza 47

VIII. Educação profissional desencorajada 54

IX. Educação política negligenciada 59

X. A perda da visão 66

XI. A necessidade de serviço mais do que de liderança 74

XII. Contratados nos lugares dos servidores públicos 79

XIII. Entenda o Negro 86

XIV. O novo programa 92

XV. Orientação vocacional 99

XVI. O novo tipo de profissional exigido 108

XVII. Maiores esforços no serviço ao país 112

XVIII. O estudo do Negro 117

Apêndice 122

PREFÁCIO

Minha mãe tinha folga no sábado de manhã. Nesse dia, ela se levantava cedinho e colocava seus discos favoritos no último volume. Assim, conheci a obra de artistas como Nana Caymmi, Martinho da Vila, Maria Bethânia, Gilberto Gil, Caetano Veloso, Zeca Pagodinho, Luiz Melodia e Ney Matogrosso, entre tantos outros. Esse último, pra mim, é um dos maiores intérpretes de todos os tempos. Eu adoro a obra de todos, os considero o que o grande Hampâté Bâ chamaria de bibliotecas vivas.

No entanto, me deixe falar um pouco sobre um fragmento da obra do Ney, mais especificamente de uma frase dentro de uma letra. Uma frase que me fisgava na infância, e eu ficava horas e horas refletindo sobre ela. Ney, enquanto cantava *A cara do Brasil*, composição absurdamente incrível de Celso Viáfora e Vicente Barreto, compartilhava com a audiência uma indagação cortante: o Brasil é o professor Darcy Ribeiro, que fugiu do hospital pra se tratar?

Eu passava o resto dos dias preso nesse trecho. Quem era esse tal Darcy Ribeiro? À época, eu ainda desconhecia a contribuição do professor ao país. E como assim ele fugiu do hospital para se tratar? Há algum lugar melhor para buscar a cura de uma enfermidade que nos atormenta do que um hospital? Qual era o sentido daquela fuga? Meu cérebro sentia que estava tentando encaixar uma peça redonda em um orifício quadrado; algo estava fora do lugar.

Este é o inquestionável superpoder do poeta: fazer a água mole do abstrato gotejar até que perfure a pedra dura do concreto. É assim que se abre espaço para que o novo venha a nascer.

Ao refletir sobre a obra de Carter Godwin Woodson para contribuir com este prefácio, o que considero uma honra sem tamanho da qual humildemente espero estar à altura, e em especial com o texto que você agora tem em mãos, *A (des)educação do negro*, curiosamente a canção me visita o imaginário e, mais de duas décadas depois, o prisma pelo qual a observo é completamente diferente.

Se aos catorze anos eu me perguntava se o professor não havia tido uma "ideia de jerico" ao fugir do hospital para se tratar, a questão agora se apresenta para mim da seguinte forma: pode uma instituição estar completamente desalinhada de sua serventia social, de maneira a fazer com que seus usuários busquem fora dela a solução dos problemas que ela, em tese, se propõe a solucionar?

A resposta, infelizmente, é sim.

Embora a análise do senhor Woodson seja bastante centrada na experiência estadunidense, em especial nas cinco décadas que antecedem seu lançamento, em 1933, ela não se restringe apenas a essa janela de tempo e espaço. Seus apontamentos podem (e devem) ser apreciados perante o desafio de elaborar um programa educacional que seja mais do que a simples transmissão de informações, estando, assim, comprometido com o que certa vez eu vi a professora Nilma Lino Gomes, a primeira mulher negra a se tornar reitora de uma universidade pública federal no Brasil, chamar de campo emancipatório.

Alinhar instituições, sobretudo as de ensino, com seu propósito é abrir espaço para que floresça a emancipação verdadeira de todos os povos que foram subalternizados durante a barbárie representada pela experiência colonial no continente americano. Esse fenômeno produziu sociedades vergonhosamente desiguais, em que o eurocentrismo funciona como combustível de um rolo compressor narcisista, responsável por destruir tudo que não for um espelho.

A sociedade brasileira, autoritária em sua essência, ao longo de sua história, comprometeu-se mais com a manutenção do abismo do que com pontes que possam aproximar os dois lados desse abismo, definindo como tônica para sua pós-abolição o rancor. Sendo assim, se essas pessoas trazidas à força do continente africano não podem servi-la em um regime de escravidão, então, não terão o direito de ser nada nessa mesma sociedade. Impedir o acesso a terras, ao ensino, elaborar políticas de embranquecimento, ter em seus governos entusiastas da eugenia foram, continuamente, apenas alguns dos elementos presentes nesse caldo que tem como consequência um país líder em *rankings* constrangedores.

Para muitos, as consequências práticas dessas ações são de difícil percepção. Enquanto escrevo, me vem à mente a lembrança da infância, de um trabalho que realizamos na primeira série do ensino fundamental na escola em que eu estudava.

A tarefa era bastante simples: cada aluno deveria trazer informações sobre a origem de sua família. Enquanto outros alunos iam lembrando e respondendo, fui ficando nervoso, até que chegou a minha vez. Lembrei-me das duas avós com quem tive contato, uma negra retinta e outra que era o que o país se referia como uma mulata. Eu as descrevi e, titubeante, disse que talvez minhas avós tivessem vindo da África. A professora me repreendeu e me perguntou quem era a pessoa branca da minha família. Com muito esforço, me lembrei que, alguns anos atrás, havíamos sido visitados pela mãe de minha avó mulata, por minha bisavó, uma mulher da região Sul do país, que no Brasil é entendida como branca. Quando a mencionei, disse também que talvez ela fosse portuguesa, não por ter qualquer evidência sobre isso, mas porque me veio o nome de Portugal na cabeça. A professora sorriu carinhosamente e disse: "Tá vendo como você também tem uma origem bonita como todos os outros?".

Ela se satisfez, e eu fiquei contrariado. Por que minhas avós não foram consideradas família? E por que a África não era uma origem aceitável?

Eu nunca consegui sentir ao menos raiva daquela situação, senti apenas tristeza. Aquela pobre mulher nem sabia o que tinha feito. Ela só entendia que relacionar alguém à África era ofensivo, e me defendeu de mim mesmo me dando uma origem louvável. Quantas desgraças sobrepostas.

Fato é que, após a passagem desse rolo compressor desumanizante, qual parte dessa sociedade se vê obrigada a respeitar ou colaborar com um povo que sequer tem o direito de mencionar a própria origem, sua fé? Qual é o tamanho do terrorismo feito, para que até mesmo crianças, desde muito cedo, se desesperem no momento em que precisam falar sobre essas questões publicamente?

O estrago está feito.

Ainda bem que a música pode atravessar tudo, levar nossos olhos para além do que eles alcançam, sempre. Um dos discos favoritos da maioria dos fãs de *rap* é o *The miseducation of Lauryn Hill*, da Lauryn Hill . Só consegui compreender a amplitude de seu conceito depois de cruzar o disco com sua referência maior, que é este livro que você tem agora nas mãos. Os interlúdios feitos pelo poeta e ator Ras Baraka, sempre falando sobre amor para crianças, num disco que é sobre amor, memória, sofrimento e Deus, são como um mapa do tesouro para todos aqueles que em algum momento sentiram que algo lhes tentou roubar a alma. Lauryn Hill ergueu um manifesto sobre amor real, todas as formas dele, mas principalmente o exercício do amor como um trabalho de base intenso e profundo, capaz de resgatar toda uma comunidade. Afinal, é dessa mesma comunidade que vai se erguer a solução para seus mais agudos problemas. Este livro trata disso.

Quando Lauryn Hill fez esse projeto, ela deu de presente ao mundo uma janela de esperança, e tudo começou com a provocação feita pelo professor Carter G. Woodson, quase um século atrás.

Hoje, infelizmente, ainda se faz necessário nos levantarmos contra a opressão racial (e contra muitas outras), e o que temos nesses escritos antigos é como uma bússola, que, mesmo tendo sido redigidos em uma parte distante desse continente, em um tempo igualmente distante, ainda continua bastante atual e pode oferecer soluções valiosas para que o amanhã não seja só um ontem, com um novo nome.

Emicida
março de 2021

PREFÁCIO DO AUTOR

Os pensamentos reunidos neste volume foram expressos em conferências e artigos recentes escritos por mim. De tempos em tempos, pessoas profundamente interessadas no ponto de vista aqui apresentado solicitam que esses comentários sobre educação sejam disponibilizados em forma de livro. Para suprir essa demanda, este volume é entregue ao público.

Na preparação da obra, não segui em detalhes as produções nas quais a maior parte do livro se baseia. O objetivo é expor apenas o pensamento desenvolvido ao passar de um para o outro. A linguagem em alguns casos, portanto, é inteiramente nova; e o trabalho não é uma coleção de ensaios. Dessa maneira, a repetição foi evitada, exceto para enfatizar a tese que eu sustento.

Carter Godwin Woodson
Washington, D.C., janeiro de 1933

I. A RAIZ DO PROBLEMA

Os "Negros educados" têm a atitude de desprezo em relação ao próprio povo porque em suas escolas, bem como nas escolas mistas, os Negros são ensinados a admirar os hebreus, os gregos, os latinos e os teutônicos e a desprezar os africanos. Das centenas de escolas Negras recentemente examinadas por um especialista do Departamento de Educação dos Estados Unidos, apenas dezoito oferecem um curso que retoma a história do Negro, e na maioria das faculdades e universidades Negras, onde se pensa o Negro, a raça é estudada apenas como um problema ou descartada como se tivesse pouca importância. Por exemplo, um funcionário de uma universidade Negra, pensando que um curso adicional sobre o Negro deveria ser oferecido lá, convocou um Negro da faculdade com doutorado para oferecer esse curso. Ele, de pronto, informou o funcionário que não sabia nada sobre o Negro. Ele não foi para a escola para perder tempo dessa forma. Foi para ser educado em um sistema que confere ao Negro a insignificância.

Há dois anos, em uma escola de verão Negra, um instrutor branco deu um curso sobre o Negro, usando como texto de apoio um trabalho que ensina que brancos são superiores aos Negros. Quando questionado por um dos alunos sobre por que usou tal livro-texto, o instrutor respondeu que queria que eles conhecessem aquele ponto de vista. Até mesmo as escolas para Negros, portanto, são lugares onde eles devem ser convencidos de sua inferioridade.

A ideia de inferioridade transpassa o Negro em quase todas as aulas de que participa e em quase todos os livros que estuda. Se abandonar os estudos depois de dominar os conhecimentos básicos, antes de terminar o ensino médio ou chegar à faculdade, ele naturalmente escapará de alguns desses vieses e poderá se recuperar a tempo de ser útil ao seu povo.

Praticamente todos os Negros bem-sucedidos neste país são do tipo pouco instruído ou que não teve alguma educação formal. A grande maioria dos Negros com os retoques de nossas melhores faculdades não é nada além de inútil para o desenvolvimento de seu povo. Se depois de saírem da escola eles tiverem a oportunidade de oferecer a outros Negros o que os difamadores da raça gostariam que fosse aprendido, eles poderão ganhar a vida lecionando ou pregando o que aprenderam, mas nunca se tornarão uma força construtiva na evolução da raça. A assim chamada escola torna-se, então, um fator questionável na vida desse povo desprezado.

Como alguém já disse muito bem, prejudicar um aluno ensinando a ele que seu rosto Negro é uma maldição e que não há esperança na luta para mudar sua condição é o pior tipo de linchamento. Isso mata as aspirações das pessoas e condena-as à vagabundagem e ao crime. É estranho, então, que os amigos da verdade e os promotores da liberdade não se tenham levantado contra a propaganda presente nas escolas e a aniquilado. Esta cruzada é muito mais importante do que o movimento antilinchamento, pois não haveria linchamento se isso não começasse na sala de aula. Por que não explorar, escravizar ou exterminar uma classe que todos são ensinados a considerar inferior?

Para ser mais explícito, podemos ir ao cerne do problema. Nossos acadêmicos de maior projeção foram instruídos em universidades fora do Sul. As instituições do Norte e do Oeste, no entanto, não tiveram tempo de lidar com assuntos que dizem respeito especialmente ao Negro. Elas devem direcionar a atenção para os problemas da maioria de seus integrantes, e com muita frequência têm estimulado seus preconceitos, referindo-se ao Negro como indigno de consideração. A maior parte do que essas universidades têm oferecido como línguas, matemática e ciência pode ter servido a um bom propósito, mas muito do que eles têm ensinado como economia, história, literatura, religião e filosofia é propaganda e perfídia, que envolveram uma perda de tempo e desorientaram os Negros que aprenderam assim.

E mesmo na exatidão da ciência ou da matemática é lamentável que a abordagem ao Negro tenha sido emprestada de um método "estrangeiro". Por exemplo, o ensino de aritmética na quinta série em um condado atrasado no Mississípi deve significar uma coisa na escola dos Negros e certamente outra na escola branca. As crianças Negras, via de regra, vêm dos lares de inquilinos e peões que têm de migrar anualmente de plantação a plantação, procurando uma luz que nunca viram. As crianças das casas de agricultores e comerciantes brancos vivem constantemente em meio a cálculos, orçamentos familiares e afins, o que lhes permite, às vezes, aprender mais pela vivência do que o Negro pode adquirir na escola. Em vez de as crianças Negras aprenderem menos aritmética, elas deveriam receber muito mais desse conteúdo que as crianças brancas, pois estas frequentam uma escola de ensino fundamental servida por transporte escolar gratuito, enquanto os Negros têm de caminhar até casebres de cômodos alugados para serem ensinados sem materiais adequados e por professores incompetentes, que estudaram pouco além da oitava série.

Nas escolas de teologia, é ensinada aos Negros a interpretação da Bíblia organizada por aqueles que justificaram a segregação e foram coniventes com a degradação econômica do Negro, por vezes, quase ao ponto de levá-lo à inanição. Com o senso do que é certo derivando desse ensino, os diplomados de tais escolas não podem ter nenhuma mensagem capaz de empatizar com as pessoas a quem eles foram mal treinados para servir. A maioria desses ministros (des)educados, portanto, prega para os brancos enquanto pregadores Negros analfabetos fazem o melhor que podem para suprir as necessidades espirituais das massas.

Nas escolas de administração de empresas, os Negros são treinados exclusivamente na psicologia e economia de Wall Street, e são, portanto, feitos para desprezar as oportunidades de conduzir peruas de gelo, empurrar carrinhos de banana e vender amendoins entre seu próprio povo. Os estrangeiros, que não estudaram economia, mas estudaram os Negros, aceitam este negócio e ficam ricos.

Nas escolas de jornalismo, os Negros estão sendo ensinados a editar jornais diários metropolitanos como o *Chicago Tribune* e o *New York Times*, que dificilmente contratariam um Negro como zelador, porém, quando esses graduados se apresentam aos semanários Negros buscando emprego, não estão preparados para atuar em tais estabelecimentos, que, para serem bem-sucedidos, devem ser fundamentados no conhecimento preciso da psicologia e da filosofia do Negro.

Ao concluir a educação em nossas escolas, o Negro está, então, apto a começar a vida de um homem branco americanizado ou europeizado, mas, antes que passe da soleira da *alma mater*,[1] ele ouve dos professores que deve voltar para o seu próprio povo, de quem foi afastado por uma visão de ideais que, em seu desencanto, ele vai perceber que não pode alcançar. Ele vai adiante para desempenhar seu papel na vida, mas deve ser ao mesmo tempo social e bissocial. Embora seja parte do corpo político, ele é, além disso, um membro de uma raça particular à qual ele deve restringir-se em todos os assuntos sociais. Embora sirva a seu país, ele deve servir dentro de um grupo especial. Embora seja um bom americano, deve ser acima de tudo um "bom Negro"; e, para cumprir essa função definida, deve aprender a ficar num "lugar de Negro".

---

1. Universidade em que uma pessoa estudou. (N.T.)

Para a árdua tarefa de servir a uma raça de tal modo prejudicada, entretanto, o Negro diplomado teve pouca ou nenhuma formação. As pessoas a quem ele foi orientado a servir foram menosprezadas por seus professores a ponto de ele dificilmente sentir prazer em encarregar-se do que sua educação o levou a fazer. Considerando sua raça inexpressiva em termos de realizações, ele, então, parte para estimulá-los a imitar outros. O desempenho é mantido por um tempo; mas, como qualquer outro esforço de uma imitação sem sentido, resulta em fracasso.

Enfrentando esse resultado indesejável, o Negro com educação superior frequentemente fica amargurado. Ele se torna muito pessimista para ser uma força construtiva e geralmente se transforma em um crítico crônico ou um reclamante no tribunal da opinião pública. Frequentemente, quando vê que a culpa está na porta do opressor branco a quem tem medo de atacar, ele se volta contra o Negro pioneiro que está no trabalho fazendo o melhor que pode para sair dos apuros.

Nesse esforço de imitar, entretanto, essas "pessoas cultas" são sinceras. Elas desejam fazer o Negro se ajustar rapidamente ao padrão dos brancos e, assim, remover o pretexto para as barreiras entre as raças. Não percebem, no entanto, que, mesmo que os Negros imitem os brancos com sucesso, nada de novo é realizado dessa forma. Simplesmente há um número maior de pessoas fazendo o que outros têm feito. Os dons incomuns da raça não foram desenvolvidos, e um mundo relutante, portanto, continua a se perguntar para que serve o Negro.

Essas pessoas "educadas", entretanto, desqualificam qualquer coisa que se assemelhe à consciência racial; e em alguns aspectos elas estão certas. Não gostam de ouvir expressões como "literatura Negra", "poesia Negra", "arte africana" ou "pensamento preto"; e, *grosso modo*, devemos admitir que tais coisas não existem. Essas coisas não figuravam nos cursos que eles cursavam na escola, e por que deveriam? "Não somos todos americanos? Então, tudo o que for americano é tanto herança do Negro quanto de qualquer outro grupo neste país."

Aqueles que têm "educação superior" sustentam, além do mais, que, quando o Negro enfatiza essas coisas, ele convida à discriminação racial ao reconhecer tal diferença nas raças. O pensamento de que o Negro é uma coisa e o homem branco outra é o principal argumento do caucasiano para justificar a segregação. Por que, então, o Negro deveria culpar o homem branco por fazer o que ele mesmo faz?

Esses Negros "com educação superior", entretanto, falham ao não perceber que não é o Negro que toma essa posição. O homem branco o força a isso, e para sair dali o líder Negro deve encarar a situação, de modo a desenvolver no grupo segregado o poder com o qual seus membros possam se elevar. Além disso, o que há de diferente entre as raças não é evidência de superioridade ou inferioridade. Apenas indica que cada raça tem certos dons que as outras não têm. É pelo desenvolvimento desses dons que toda raça deve justificar seu direito de existir.

II. COMO ERRAMOS O ALVO

Como chegamos ao estado atual das coisas pode ser entendido apenas por meio da análise das forças efetivas no desenvolvimento da educação do Negro, uma vez que esta foi sistematicamente empreendida imediatamente depois da Emancipação. Simplesmente apontar os defeitos como estes se apresentam hoje será de pouco benefício para gerações presentes e futuras. Essas coisas devem ser vistas em seu cenário histórico. As condições de hoje foram determinadas pelo que aconteceu no passado, e em um estudo cuidadoso dessa história podemos ver mais claramente o grande teatro de eventos em que o Negro desempenhou um papel. Podemos, então, entender melhor qual tem sido o seu papel e quão bem este lhe caiu.

A ideia de educar os Negros após a Guerra Civil foi em grande parte instigada pela filantropia. Seus vizinhos brancos não assumiram essa responsabilidade. Essas pessoas pretas foram libertadas como resultado de um conflito seccional do qual seus antigos donos emergiram como vítimas. Dessa classe, então, os libertos não podiam esperar muita compaixão ou cooperação no esforço de se prepararem para figurar como cidadãos de uma república moderna.

Dos funcionários do próprio governo dos Estados Unidos e daqueles que participaram da conquista dos secessionistas, logo veio o plano de repassar a esses libertos as obrigações simples da vida, elaboradas pela Agência dos Libertos e outras agências filantrópicas. Quando sistematizado, esse esforço tornou-se um programa para a organização de igrejas e escolas, e o direcionamento delas de acordo com estratégias que haviam sido consideradas mais propícias ao progresso das pessoas em diferentes circunstâncias. O programa sofreu alguma variação aqui e ali, visto que o status dos libertos em nada se comparava ao de seus amigos e professores, mas tal pensamento não era generalizado. Quando os Negros de alguma forma aprendessem a desempenhar as funções que outros elementos da população tinham se preparado para desempenhar, eles seriam devidamente qualificados, acreditava-se, para atuar como cidadãos do país.

Aliás, tendo em vista que a maioria dos Negros vivia no Sul agrícola, e apenas alguns deles adquiriram inicialmente pequenas fazendas, havia pouca coisa na vida deles que qualquer um capaz de pensar não pudesse compreender facilmente. A pobreza que os afligiu por uma geração após a Emancipação os manteve na camada mais baixa da sociedade; teoricamente livres, mas economicamente escravizados. A participação dos libertos no governo por alguns anos durante o período conhecido como Reconstrução teve pouca influência na situação, exceto por se juntarem os brancos pobres e sem instrução para realizar certas reformas sociais muito desejadas, especialmente ao dar ao Sul seu primeiro plano de educação democrática no fornecimento de um sistema escolar com custeio público.

Entretanto, nem esse sistema escolar sem apoio adequado nem as persistentes instituições superiores de uma ordem clássica estabelecida mais ou menos na mesma época conectavam os Negros muito intimamente com a vida como ela era. Essas instituições estavam mais preocupadas com a vida do jeito que esperavam que fosse. Portanto, quando o Negro se viu privado de influência na política, e, ao mesmo tempo, despreparado para tomar parte nas funções superiores do desenvolvimento industrial que este país passou a experimentar, logo se tornou evidente para ele que estava perdendo terreno nas áreas básicas da vida. Ele estava gastando tempo estudando sobre as coisas que haviam acontecido, ou talvez viessem a acontecer, mas quase não aprendia nada que lhe ajudasse a fazer melhor as tarefas que estavam ao seu alcance. Uma vez que os Negros acreditavam que as causas dessa condição adversa vinham de fora da raça, a migração foi tentada e a emigração para a África urgiu novamente. Nesse momento psicológico veio a onda de educação industrial que correu o país. As autoridades educacionais nas cidades e nos estados de todo o Cinturão Negro começaram a mudar o rumo dos estudos para fazer a formação do Negro se ajustar a essa política.

Os professores missionários do Norte, em defesa de sua ideia de uma formação mais liberal, entretanto, atacaram destemidamente essa nova política educacional; e os Negros que participavam da mesma disputa colocavam-se respectivamente de um lado ou de outro. Durante uma geração depois disso, a questão dominante em discussões nas escolas e igrejas para Negros nos Estados Unidos era se o Negro deveria receber uma educação clássica ou prática. O trabalho era a coisa mais importante da vida, argumentava-se; a educação prática era um caminho para alcançar esse fim; e o trabalhador Negro deveria ser ensinado a resolver esse problema de eficiência antes de direcionar a atenção para outras coisas.

Outros, com a mente mais fechada que os defensores da educação industrial, agarraram-se à ideia, sentindo que, embora o Negro aparentasse ter alguma instrução, seria uma bela saída ser capaz de distinguir entre o treinamento dado ao Negro e o oferecido aos brancos. À medida que a ideia de educação industrial rapidamente ganhou terreno, muitos Negros com objetivos políticos passaram também a apoiá-la; e escolas e faculdades, esperando dessa forma obter dinheiro, trabalharam de acordo com as provisões de emergência para tal instrução, embora não pudessem oferecê-la de forma satisfatória. Algumas escolas industriais reais se equiparam efetivamente para esse trabalho e formaram vários diplomados com essa preparação.

Infelizmente, porém, o caso evoluiu para uma espécie de guerra de palavras, pois, apesar de tudo o que os Negros disseram e realizaram em sua maioria, aqueles que de fato fizeram algum esforço para obter uma educação na verdade não receberam nem a educação industrial nem a clássica. Os Negros frequentaram escolas industriais, fizeram o treinamento prescrito e receberam diplomas; mas poucos deles desenvolveram eficiência adequada para fazer o que foram supostamente treinados para fazer. As escolas em que foram educados não podiam oferecer a todos eles a experiência com maquinário que os aprendizes brancos treinados em fábricas tinham. A educação industrial que esses Negros receberam, então, era apenas para dominar uma técnica já descartada nos centros progressistas; e mesmo em operações menos complicadas da indústria essas escolas não tinham instalações à altura dos numerosos processos de fábricas conduzidos no plano da divisão do trabalho. Exceto pelo valor que tal treinamento pudesse ter para o desenvolvimento da mente, em virtude das aplicações práticas de matemática e ciência, foi, dessa forma, um fracasso.

A maioria dos graduados Negros de escolas industriais, portanto, tem seguido outros caminhos, e muito frequentemente caminhos para os quais os Negros não tiveram nenhuma preparação. Alguns poucos que realmente estavam aptos para ingressar no mercado industrial por meio do autoaperfeiçoamento também buscaram outras profissões, uma vez que os Negros eram geralmente excluídos de carreiras superiores; e, sendo incapazes de desenvolver capitães da indústria para aumentar a demanda por pessoas nessas linhas, os Negros não abriram muitas dessas oportunidades para si próprios.

Durante esses anos, também, as escolas de educação clássica para Negros não se saíram melhor. Seguiram com base no pressuposto de que toda pessoa ambiciosa precisa de uma educação liberal; entretanto, de fato, isso não é necessariamente uma verdade. O Negro treinado nas fases avançadas da literatura, filosofia e política tem sido incapaz de avançar muito no uso de seu conhecimento porque tem de atuar nas esferas inferiores da ordem social. Além disso, o conhecimento avançado de ciências, matemática e línguas não tem sido muito mais útil, exceto para a disciplina mental, em razão da escassez de oportunidade de aplicar esse conhecimento entre pessoas que eram em grande parte trabalhadores comuns nas cidades ou peões nas plantações. Embora essa educação superior tenha acertado ao levar o Negro a pensar — o que acima de tudo é o objetivo principal da educação —, ele apenas se tornou mais descontente, pois agora pode perceber os processos e avaliar a impossibilidade de sucesso ao enxergar as condições como realmente são.

É muito claro, portanto, que não há na vida do Negro, hoje, um grande número de pessoas que tenham sido beneficiadas por algum dos sistemas a respeito dos quais discutimos até aqui. Comparativamente, o número de mecânicos e artesãos Negros diminuiu durante as últimas duas gerações. Os Negros não representam proporcionalmente tantos trabalhadores qualificados quanto representavam antes da Guerra Civil. Se a educação prática que os Negros receberam ajudou a melhorar a situação para que hoje não seja pior do que é, certamente não resolveu o problema como se esperava.

Por outro lado, apesar de muita educação clássica dos Negros, não encontramos na raça uma grande oferta de pensadores e filósofos. Uma desculpa é que a erudição entre os Negros foi corrompida pela necessidade de todos eles de combater a segregação e lutar para manter uma posição firme na luta das raças. Comparativamente, poucos Negros americanos produziram literatura digna de crédito, e um número ainda menor fez alguma grande contribuição para a filosofia ou a ciência. Eles não ficaram à altura dos homens Negros mais distantes das influências da escravidão e da segregação. Por essa razão, não encontramos entre os Negros americanos um Pushkin, um Gomez, um Geoffrey, um Captein ou um Dumas. Mesmo homens como Roland Hayes e Henry O. Tanner alcançaram níveis mais altos ao sair deste país para se livrar de nossas tradições sufocantes e se recuperar de sua educação.

III. COMO NOS AFASTAMOS DA VERDADE

Como, então, a educação do Negro seguiu tal tendência? As pessoas que mantinham escolas para a educação de alguns Negros antes da Guerra Civil certamente eram sinceras, assim como os trabalhadores missionários que foram para o sul a fim de esclarecer os libertos depois que os resultados daquele conflito deram aos Negros um novo status. Esses fervorosos obreiros, porém, tinham mais entusiasmo do que conhecimento. Eles não entenderam a tarefa diante deles. Esse empreendimento também foi mais um esforço voltado para a elevação social do que a educação propriamente dita. O objetivo deles era transformar os Negros, não desenvolvê-los. Os libertos que deviam ser esclarecidos recebiam pouca atenção, pois os melhores amigos da raça, eles próprios precariamente instruídos, seguiam os currículos tradicionais da época, que não levavam o Negro em consideração exceto para condená-lo ou apiedar-se dele.

Na geografia, as raças eram descritas em conformidade com o programa da propaganda usual para gerar nos brancos o ódio racial ao Negro e nos Negros o desprezo por si mesmos. Um poeta notável representava as características físicas da raça branca; um chefe de um povoado representava os indígenas; um guerreiro orgulhoso, os pardos; um príncipe, os asiáticos amarelos; e um selvagem com um anel no nariz, o Negro. O Negro, é claro, estava na base da escala social.

A descrição das várias partes do mundo foi elaborada de acordo com o mesmo plano. As partes habitadas pelos caucasianos foram tratadas em detalhes. Menos atenção foi dada aos amarelos, menos ainda aos indígenas, pouquíssima atenção aos pardos e praticamente nenhuma aos pretos. Essas pessoas muito afastadas das características físicas dos caucasianos ou que não os auxiliam materialmente na dominação ou exploração de outros não foram mencionadas exceto para serem menosprezadas ou depreciadas.

Do ensino da ciência, o Negro também foi eliminado. Os primórdios da ciência em várias partes do Oriente foram mencionados, mas o avanço precoce dos africanos neste campo foi omitido. Não foi dito aos alunos que os antigos africanos do interior conheciam ciência suficiente para preparar venenos para pontas de flechas, misturar cores duráveis para pinturas, extrair metais da natureza e refiná-los para o desenvolvimento nas artes industriais. Muito pouco foi dito sobre a química no método de embalsamamento egípcio, produto das raças mistas do norte da África, agora conhecidas no mundo moderno como "pessoas não brancas".

No estudo de línguas na escola, os alunos eram levados a zombar do dialeto Negro como algo peculiar do Negro que eles deveriam desprezar, em vez de serem direcionados a estudar o contexto como uma língua africana desgastada — em resumo, para entender a própria história linguística, o que certamente é mais importante para eles do que o estudo da Fonética Francesa ou da Gramática Histórica do Espanhol. A língua africana não recebia nenhuma atenção exceto no caso da preparação de comerciantes, missionários e funcionários públicos para explorar os nativos. Esse número de pessoas treinadas dessa forma, é claro, constituía uma pequena fração que dificilmente recebia atenção.

Da literatura, o africano foi completamente excluído. Não se esperava dele nenhum pensamento que valesse a pena conhecer. A filosofia nos provérbios africanos e no rico folclore desse continente foi ignorada e deu-se preferência à cultura desenvolvida nas longínquas margens do Mediterrâneo. A maioria dos professores missionários que davam aula aos libertos, assim como a maioria dos homens de nosso tempo, nunca havia lido os livros interessantes de viagens pela África e nunca tinha ouvido falar do *Tarikh al-Sudan*.[2]

No ensino de belas-artes, os instrutores geralmente começavam pela Grécia, mostrando como a arte recebeu influências de fora, mas omitindo a influência africana que os cientistas agora consideram significativa e dominante no início da *Hellas*.[3] Eles falharam ao apresentar ao aluno o Caldeirão do Mediterrâneo sem mencionar os Negros da África, que levaram consigo suas mercadorias, suas ideias e seu sangue e influenciaram a história da Grécia, de Cartago e Roma. Colocando o desejo antes da razão, nossos professores ignoraram essas influências ou se esforçaram em diminuí-las, elaborando teorias contrárias.

---

2. O *Tarikh al-Sudan* é uma crônica do oeste africano escrita em árabe por volta de 1655 pelo cronista de *Timbuktu*, al-Sa'di. Ele fornece a fonte primária mais importante para a história do Império Songhay. Ele e o *Tarikh al-fattash*, outra crônica do século XVII que conta a história dos Songhay, são conhecidos como as Crônicas de Timbuktu. (N.E.)
3. Grécia. O termo *hellas* deriva de helenos, como eram chamados os gregos na Antiguidade Clássica (Período Helenístico). (N.E.)

O viés não parou neste ponto, pois invadiu o ensino das profissões. Disseram aos estudantes de Direito Negros que eles eram parte da camada mais criminosa do país, e um esforço foi realizado para justificar o procedimento nos termos da injustiça onde a lei era interpretada como uma coisa para o homem branco e uma coisa diferente para o Negro. No direito constitucional, a falta de brios da Suprema Corte dos Estados Unidos ao permitir a anulação judicial da Décima Quarta e da Décima Quinta Emendas[4] foi mantida e ainda se mantém descaradamente em nossas poucas faculdades de Direito.

Nas escolas de Medicina, os Negros também foram convencidos de que eram inferiores ao serem lembrados de sua função como portadores de germes. A prevalência de sífilis e tuberculose entre os Negros foi especialmente enfatizada sem que se considerasse que essas moléstias são mais letais entre os Negros pelo fato de serem doenças caucasianas; e, como essas pragas são novas para os Negros, esses sofredores não tiveram tempo de desenvolver contra elas a imunidade que o tempo concedeu ao caucasiano. Outras doenças das quais os Negros são presas fáceis foram mencionadas para apontar a raça como um elemento indesejável, quando essa condição era devida ao status econômico e social dos Negros. Pouca ênfase foi dada à imunidade do Negro contra doenças como febre amarela e gripe, que são tão desastrosas para os brancos. No entanto, os brancos não foram considerados inferiores por causa da baixa resistência a essas pragas.

Em história, é claro, o Negro não tinha lugar no currículo. Ele foi retratado como um ser humano inferior, incapaz de sujeitar a paixão à razão, e, portanto, útil apenas como rachador de lenha e carregador de água para os brancos. Nenhuma reflexão foi feita sobre a história da África, exceto, até agora, como fora um campo de exploração para os caucasianos. Você poderia estudar a história como foi oferecida em nosso sistema desde o ensino fundamental até a universidade, e nunca ouviria a África ser mencionada exceto de forma negativa. Assim, você nunca saberia que os africanos foram pioneiros na domesticação de ovelhas, cabras e vacas, desenvolveram a ideia de julgamento por júri, produziram os primeiros instrumentos de cordas e deram ao mundo seu maior benefício na descoberta do ferro. Você jamais saberia que antes da invasão islâmica, aproximadamente no ano 1000 d.C., esses nativos do coração da África desenvolveram reinos poderosos que depois foram

---

4. A Décima Quarta e a Décima Quinta Emenda da Constituição dos Estados Unidos estabeleciam que os governos americanos não podiam impedir um cidadão de votar por motivo de raça, cor, ou condição prévia de servidão (escravidão). Foram ratificadas em 3 de fevereiro de 1870. (N.E.)

organizados, como o Império Songhay, de forma semelhante à dos romanos e ostentando grandeza similar.

Diferentemente do que ocorria com pessoas de outras raças, o Negro, nesse aspecto, era uma exceção ao plano natural das coisas, e sua missão em nada se assemelhava a fazer excepcionais contribuições à cultura. O estatuto do Negro, então, foi justamente fixado como o de um inferior. Professores de Negros nas primeiras escolas após a Emancipação não proclamavam tal doutrina, mas o conteúdo de seus currículos justificava essas inferências.

Um observador de fora da situação naturalmente pergunta por que os Negros, muitos dos quais servem à sua raça como professores, não mudaram este programa. Esses professores, no entanto, são impotentes. Os Negros não têm controle sobre a própria educação e têm pouca voz em outros assuntos pertinentes. Em alguns casos, os Negros foram escolhidos como membros de conselhos públicos de educação, e alguns foram nomeados membros de conselhos privados, mas esses Negros são sempre uma minoria tão estreita que nem figuram no resultado final do programa educacional. A educação dos Negros, então, a coisa mais importante na elevação dos Negros, está quase inteiramente nas mãos daqueles que os escravizaram e agora os segregam.

Com os próprios "Negros (des)educados" no controle, no entanto, é de se duvidar que o sistema seria muito diferente do que é ou que rapidamente seria submetido a mudanças. Os Negros colocados no comando desse modo seriam produtos do mesmo sistema e não mostrariam mais compreensão da tarefa em mãos do que os brancos, que lhes educaram e moldaram as mentes da forma como queriam. Educadores Negros de hoje podem ter mais simpatia e interesse pela raça do que os brancos que agora exploram as instituições Negras como educadores, mas os anteriores não têm mais visão do que seus concorrentes. Ensinados com base nos livros do mesmo viés, treinados por caucasianos com os mesmos preconceitos ou por Negros de mentes escravizadas, gerações após gerações de professores Negros serviram para no máximo fazer o que lhes é dito para ser feito. Em outras palavras, um professor Negro instruindo crianças Negras é, em muitos aspectos, um professor branco assim engajado, pois o programa em cada caso é quase o mesmo.

Não pode haver objeção razoável ao fato de o Negro fazer o que o homem branco lhe diz para fazer se o homem branco lhe diz para fazer o que é certo; mas o certo é puramente relativo. O sistema atual sob o controle dos brancos treina o Negro para ser branco e, ao mesmo tempo, convence-o da inconveniência ou da impossibilidade de ele se tornar branco. Obriga o Negro a se tornar um bom Negro pelo desempenho de sua educação mal adaptada. Para a exploração do Negro pelo homem branco por meio da restrição econômica e da segregação, o sistema atual é sólido e, sem dúvida, continuará até que isso dê lugar à política mais sã da verdadeira cooperação inter-racial — não a atual farsa da manipulação racial na qual o Negro é uma presença figurativa. A história não proporciona um caso de elevação de um povo ignorando o pensamento e a aspiração desse povo.

Este terreno é um pouco perigoso, contudo, pois, de uma forma quase perfeita, a mente do Negro tem sido escravizada para que ele se comporte do modo que se espera que ele se comporte. Os Negros de "educação superior" não gostam de ouvir nada proferido contra esse procedimento porque ganham a vida dessa forma e sentem que devem defender o sistema. Poucos Negros (des)educados chegam a agir de outra maneira; e, quando se manifestam, são facilmente esmagados pela grande maioria contrária, de forma que a procissão possa seguir em frente sem interrupção.

O resultado, então, é que os Negros desse modo (des)educados de nada servem para si mesmos, tampouco para o homem branco. O homem branco não precisa da assistência profissional, comercial ou industrial dos Negros; e como resultado da multiplicação de aparelhos mecânicos, não precisa mais deles para os serviços mais penosos nem para os mais servis. Os Negros com "educação superior", aliás, não precisam das classes profissionais ou comerciais Negras porque os Negros têm sido ensinados que os brancos podem atendê-los de forma mais eficiente nessas esferas. Reduzidos, então, a ensinar e a pregar, os Negros só terão diante de si um beco sem saída se o tipo de educação que receberem agora permitir que encontrem uma rota de fuga para suas dificuldades atuais.

IV. EDUCAÇÃO SOB CONTROLE EXTERNO

"No novo programa de educação do Negro, o que aconteceria com os professores brancos que lecionam para essa raça?", alguém perguntou há pouco tempo. Esta é uma pergunta simples que requer apenas uma breve resposta. Os poucos trabalhadores cristãos que foram para o Sul, não muito tempo depois da Guerra Civil, e fundaram escolas e igrejas para assentar as bases sobre as quais deveríamos estar construindo com mais sabedoria do que de fato estamos, seriam honrados por nós como uma multidão martirizada. Amaldiçoado aquele que proferisse uma palavra depreciativa para a memória desses heróis e dessas heroínas! Prestaríamos um grande tributo também a sulistas altruístas como Hay-Good, Curry, Ruffner, Northern e Vance, e aos homens brancos do nosso tempo, que acreditam que a única maneira de elevar as pessoas é ajudando-as a ajudar a si mesmas.

Os desafortunados sucessores dos missionários do Norte que dão aulas aos Negros, no entanto, têm demonstrado que não exercem função alguma na vida do Negro. Eles não têm o espírito de seus antecessores e não estão à altura das exigências feitas aos educadores nas faculdades credenciadas. Se as instituições dos Negros tiverem de ser tão eficientes quanto as dos brancos no Sul, o mesmo alto padrão deve ser mantido para os educadores que vão dirigi-las. As escolas Negras não podem seguir com uma carga tão grande de ineficiência, especialmente quando os presidentes brancos dessas instituições, muitas vezes, são menos eruditos do que os Negros que estão em posição inferior.

Com base nas leis e nos costumes, os presidentes e professores brancos de escolas Negras são impedidos de participar livremente da vida do Negro. Eles ocupam, portanto, uma dupla posição muito desconfortável. Numa época em que lecionei em uma escola de corpo docente misto, as mulheres brancas ligadas à instituição me cumprimentavam com reverência e de modo condescendente quando estavam no *campus*, mas em outros lugares não me enxergavam. Um presidente branco de uma escola Negra nunca recebeu um Negro em sua casa; ele prefere recepcionar os Negros no refeitório dos alunos. Outro presidente branco de uma faculdade Negra mantém no *campus* uma casa de hóspedes onde os Negros só podem entrar como funcionários. Ainda outro funcionário desse tipo não permite que os alunos entrem em sua casa pela porta da frente. Negros formados sob tais condições, sem protesto, tornam-se completos covardes e, na vida, continuam escravizados, apesar da emancipação nominal.

"Qual abordagem diferente ou tipo de apelo dirigido às crianças Negras não poderia ser igualmente bem aplicado por um professor branco?", alguém perguntou há pouco tempo. Para ser franco, devemos admitir que não há um conjunto específico de matérias que os professores Negros possam transmitir às crianças da própria raça que não possa ser apresentado com a mesma facilidade por pessoas de outra raça, se tiverem a mesma atitude que os professores Negros; mas, na maioria dos casos, a tradição, o ódio racial, a segregação e o terrorismo tornam tal coisa impossível. A única coisa a fazer neste caso, então, é lidar com a situação como ela é.

No entanto, não devemos presumir que uma pessoa branca qualificada não deva ensinar em uma escola Negra. Para determinado trabalho, que temporariamente alguns brancos podem fazer melhor do que os Negros, não deve haver objeção, mas, se o Negro é obrigado a viver no gueto, ele tem mais facilidade para se desenvolver sob sua própria liderança do que sob aquela que lhe é sobreposta. O Negro nunca será capaz de mostrar toda a sua originalidade enquanto seus esforços forem dirigidos externamente por aqueles que socialmente o proscrevem. Esses "amigos" vão inconscientemente mantê-lo no gueto.

Aqui, contudo, a ênfase não recai sobre a necessidade de sistemas separados, mas sobre a carência de educadores conscientes e professores que compreendam os alunos e sejam solidários a eles. Quem adota posição contrária tem a ideia de que a educação é apenas um processo para transmitir informações. Quem conseguir transmitir informações ou elaborar um plano fácil para que isso aconteça, será, então, um educador. De certa forma, isso ocorre, porém está relacionado à maioria dos problemas do Negro. O sistema educacional de fato quer inspirar as pessoas a viver com mais abundância, a aprender a iniciar com a condição que têm e tornar a vida melhor, mas a instrução que até agora é dada aos Negros em faculdades e universidades tem funcionado ao contrário. Na maioria dos casos, esses diplomados simplesmente aumentam o número de infelizes que não oferecem nenhum programa para mudar as condições indesejáveis das quais reclamam. Deve-se confiar no protesto apenas quando ele tem respaldo em um programa construtivo.

Infelizmente, Negros que protestam e ousam se expressar são tidos como opositores da cooperação inter-racial. Contudo, esses Negros são os verdadeiros trabalhadores que levam adiante um programa de esforço inter-racial. Cooperação implica igualdade dos participantes nesta tarefa em particular. Pelo contrário, o costume agora é que os brancos tracem seus planos a portas fechadas, submetam-nos à aprovação de alguns Negros, membros nominais de um conselho, e então empreguem uma equipe branca ou mista para pôr esses planos em prática. Isso não é cooperação inter-racial. É meramente o antigo conceito de convocar o "inferior" para cumprir as ordens do "superior". Para usar uma linguagem pós-clássica, como fez Jessie O. Thomas, "Os Negros montam e os brancos operam.".

Essa atitude doentia dos "amigos" do Negro se deve à persistência do conceito medieval de controlar classes menos privilegiadas. A portas fechadas, esses "amigos" dizem que é preciso ter cuidado com o avanço dos Negros para posições de comando, a menos que de antemão já esteja definido que farão o que lhes disserem para fazer. Nunca é possível saber quando alguns Negros vão se sobressair e envergonhar seus "amigos". Depois de alcançarem posições de influência, alguns Negros tornaram-se conhecidos por acessos de fúria e defesa da igualdade social ou por exigir para sua raça os privilégios da democracia, quando deveriam se restringir à educação e ao desenvolvimento religioso.

Costuma-se dizer, também, que ainda não é um bom momento para os Negros assumirem a administração de suas instituições, pois não têm os contatos para levantar dinheiro; mas o que acontece com esse argumento quando nos lembramos do que Booker T. Washington fez pela Tuskegee e observamos o que R. R. Moton e John Hope estão fazendo hoje? Como o primeiro presidente Negro da Universidade de Howard, Mordecai W. Johnson, levantou mais dinheiro para essa instituição entre os filantropos do que todos os ex-presidentes juntos? Além do mais, se, após três gerações, as universidades Negras não tiverem produzido homens qualificados para administrar seus negócios, tal percepção será uma evidência loquaz do fracasso inglório dessas universidades, que devem ser imediatamente fechadas.

Há pouco tempo, alguém me perguntou como eu conecto minha crítica ao ensino superior dos Negros com o desenvolvimento recente neste âmbito e especialmente com as quatro universidades do Sul que passarão a existir graças aos milhões obtidos de governos, conselhos e filantropos. Acredito que a criação desses quatro centros de aprendizagem em Washington, Atlanta, Nashville e Nova Orleans possa ocorrer de forma a marcar época no desenvolvimento da raça Negra. Por outro lado, há, na mesma proporção, a possibilidade de um fracasso colossal de todo o esquema. Se for para essas instituições serem a réplica de universidades como Harvard, Yale, Colúmbia e Chicago, se os homens encarregados de sua administração e do programa de ensino forem produtos de teóricos de escrivaninha que nunca se interessaram pela vida dos Negros, o dinheiro investido será tão lucrativo quanto se fosse usado para comprar amendoins e jogá-los aos animais num circo.

Parte do pensamento por trás do novo movimento educacional é preparar o Sul para educar os Negros que agora lotam as universidades do Norte, especialmente as escolas de medicina, muitas das quais não admitem Negros por causa do atrito racial na prática hospitalar. Na correria para meramente estarem preparadas para esses "alunos indesejáveis", no entanto, as instituições feitas para treiná-los podem ter se estabelecido sobre falsas ideias e cometer os mesmos erros das instituições menores que as precederam. É de pouca ajuda dar uma grande dose de veneno para um paciente envenenado.

Em instituições superiores para Negros alinhadas às exigências feitas para pessoas em circunstâncias diferentes, alguns poucos podem lucrar com base nos fundamentos, outros podem se tornar mais adeptos à exploração de seu povo, e talvez um número menor cruze a divisa e se junte aos brancos em serviço útil; mas a grande maioria dos produtos dessas instituições aumentará, em vez de diminuir, a carga que as massas tiveram de carregar desde a emancipação. Esses trabalhadores mal preparados não terão uma base sobre a qual construir. A educação de um povo deve ter como base a origem das próprias pessoas, mas os Negros educados dessa forma vêm sonhando com os antigos da Europa e com aqueles que tentaram imitá-los.

Em um curso em Harvard, por exemplo, solicitou-se aos alunos que descobrissem se Péricles foi justamente acusado de tentar substituir a adoração de Júpiter pela de Juno. Desde aquela vez, os Negros engajados aprenderam que estariam muito mais bem preparados para trabalhar entre os Negros no Cinturão Negro se tivessem passado aquele tempo aprendendo por que John Jasper, famoso pelo sermão "o sol se move", juntou-se a Josué na alegação de que o planeta ficou parado "no meio do céu enquanto ele entrava na batalha pela segunda vez".

Outro dia, falando com um dos homens que agora doam milhões para construir as quatro universidades Negras no Sul, descobri, contudo, que ele acha que instituições credenciadas podem ser criadas com teóricos sem contato com o povo. Em outras palavras, você pode ir a quase qualquer lugar e construir uma instalação de três milhões de dólares, encarregar um homem branco de fazer o que você quer que seja feito e, em pouco tempo, ele estará em condições de encomendar os homens necessários para constituir uma universidade. "Queremos aqui", ele dirá, "um homem que tenha mestrado em inglês. Mande-me outro que tenha doutorado em sociologia, e mais um em física também pode ser útil."

Agora, a experiência mostrou que homens desse tipo podem "preencher a vaga", mas uma universidade não pode ser estabelecida com novos membros tão inexperientes. Já tive uma experiência ao tentar administrar uma faculdade dessa forma, e o resultado é uma história que daria uma manchete interessante nos jornais. Quando o doutor William Bainey Harper estava instituindo a Universidade de Chicago, convocou os diretores de cada departamento; apenas homens que se destacavam no mundo criativo. Alguns tinham diplomas superiores, e outros não. Vários deles jamais tinham feito algum trabalho que exigisse diploma formal. Todos eles, no entanto, eram homens cujo pensamento movia o mundo. Pode-se argumentar que os Negros não têm entre si tais tipos de homens, por isso devem formá-los, e isso não pode ser algo forçado do jeito que estamos fazendo. Seria muito melhor estimular o desenvolvimento dos professores mais progressistas de antigamente do que fazer experiências com novatos produzidos pela degradação do ensino superior.

A degradação do doutorado despontou especialmente de forma mais clara do que nunca, outro dia, quando um amigo entrou correndo em meu escritório dizendo: "Já faz uns dias que eu tento te encontrar. Acabei de perder uma vaga de emprego para a qual eu estava me preparando. Eles me disseram que não vai dar pra eu receber uma promoção se não tiver o meu '*dipromado* de doutor'.". Esse é o nome que ele deu. Ele não conseguiu sequer pronunciar as palavras, mas está determinado a ter o seu "*dipromado* de doutor" para conseguir o trabalho almejado.

Esse status vergonhoso do ensino superior deve-se, em grande medida, aos baixos padrões de instituições com tendência à produção em série de diplomas. Para conseguir ou manter um emprego, você entra e fica até sair "*dipromado* de doutor". E você não precisa se preocupar mais. Parte-se do pressuposto de que quase qualquer escola ficará feliz por ter você depois disso, e você receberá um alto salário.

As pesquisas mostram, no entanto, que homens com doutorado não só perdem contato com as pessoas comuns como não fazem tanto trabalho criativo quanto os de educação menos formal. Depois de receberem essa honraria, esses pretensos estudiosos muitas vezes relaxam e se acomodam. Poucas pessoas pensaram na seriedade dessa inércia entre os homens que são colocados na liderança das instituições porque atendem os requisitos estatutários de universidades fronteiriças que sequer estão na fronteira.

O Comitê Geral de Educação e o Fundo Julius Rosenwald têm uma política que pode solucionar em partes o problema do instrutor de faculdade Negra pouco desenvolvido. Essas fundações estão dando bolsas de estudos para professores Negros se aperfeiçoarem para o trabalho que estão desenvolvendo agora no Sul. Esses conselheiros, via de regra, não mandam ninguém para a escola para se preparar para o doutorado. Se encontrarem um homem de experiência e bom senso, com possibilidades de crescimento, vão providenciar para que ele estude um ano ou mais para atualizar a mente com o que houver de novo em sua área. A experiência mostra que os professores, assim, ajudaram a fazer um trabalho muito melhor do que os ph.D. feitos sob medida.

As universidades do Norte, aliás, não podem oferecer cargos no ensino superior para Negros em determinadas linhas quando estas estão concentradas nas necessidades educacionais das pessoas em outras circunstâncias. O curso superior para Negros que estudam Química está sob tutela de George W. Carver, na Tuskegee. Pelo menos cem jovens esperam diariamente ouvir as palavras desse cientista para poder transmitir às gerações futuras seu grande conhecimento de química agrícola. Negros que desejam se especializar em agricultura devem fazê-lo com trabalhadores como T. M. Campbell e B. F. Hubert, entre os fazendeiros Negros do Sul.

Na educação em si, a situação é a mesma. Nem Colúmbia nem Chicago podem dar um curso avançado em educação rural Negra, pois o trabalho que realizam na educação é baseado principalmente no que eles conhecem das necessidades educacionais dos brancos. Esse trabalho para os Negros deve ser feito sob a direção dos desbravadores que estão construindo casas escolares e reconstruindo o programa educacional para as pessoas do interior. Líderes desse tipo podem oferecer a base sobre a qual uma universidade de educação realista pode ser instituída.

Não oferecemos nenhum argumento aqui contra a obtenção de diplomas avançados, mas estes devem vir como honras conferidas pela instrução coroada com distinção acadêmica, não para permitir que um homem tenha um aumento de salário ou encontre um cargo que o remunere melhor. As escolas que agora direcionam a atenção exclusivamente para essas marcas externas de aprendizagem não contribuirão muito para a elevação do Negro.

Em Cleveland, não muito tempo atrás, encontrei na Universidade da Western Reserve algo extraordinariamente encorajador. Um nativo do Mississípi, homem branco, formado por uma universidade do Norte, que agora trabalha como professor, tem sob seu comando em sociologia um estudante Negro da Geórgia. Para sua dissertação, esse Negro está coletando as palavras usadas por seu povo na vida cotidiana — cumprimentos matinais, observações sobre o tempo, comentários sobre coisas que acontecem ao seu redor, suas reações a coisas que lhes parecem incomuns e seus esforços para interpretar a vida à medida que as coisas acontecem diante deles. Esse branco do Mississípi e o Negro da Geórgia estão no caminho certo para entender o Negro, e, se eles não se desentenderem a respeito da igualdade social, servirão muito mais ao Negro do que aqueles que estão tentando descobrir se Henrique VIII foi mais lascivo com Ana Bolena do que com Catarina de Aragão ou se Elizabeth foi justamente considerada mais falsa do que Filipe II da Espanha.

V. O FRACASSO AO APRENDER A GANHAR A VIDA

A maior acusação contra a educação tal como os Negros a receberam, entretanto, é que eles aprenderam pouco sobre como ganhar a vida, primeira necessidade da civilização. Os Negros rurais sempre souberam alguma coisa de agricultura e, em um país onde a terra é abundante, eles conseguem viver do cultivo do solo, embora nem sempre empreguem métodos científicos de cultivo. Na indústria, onde a competição é mais acirrada, porém, o que o Negro tem aprendido na escola teve pouca influência, como apontado acima. Nos negócios, o papel da educação como fator de elevação do Negro foi ainda menos significativo. Os Negros de hoje não podem empregar uns aos outros, e os brancos tendem a chamar os Negros apenas quando os trabalhadores brancos não podem suprir a demanda. Para a solução desse problema, o Negro "(des)educado" não oferece sequer um paliativo.

O que os Negros estão aprendendo agora não traz harmonia entre suas mentes e a vida que devem enfrentar. Quando um estudante Negro engraxa sapatos para se manter na faculdade, ele não pensa em fazer um estudo especial da ciência que está por trás da produção e distribuição de couro e derivados, para algum dia poder figurar nesse meio. O menino Negro enviado para a faculdade para ser um mecânico raramente sonha em aprender engenharia mecânica para continuar o que seu pai começou a construir, de forma que nos anos futuros ele possa figurar como empreiteiro ou engenheiro consultor. A menina Negra que vai para a faculdade nem quer voltar para a companhia da mãe se esta for lavadeira, mas essa menina deveria voltar com conhecimentos suficientes de física, química e administração de empresas para usar o trabalho da mãe como núcleo de uma moderna lavanderia a vapor. Um professor branco de uma universidade renunciou há pouco ao cargo para se tornar rico dirigindo uma lavanderia para Negros em uma cidade do Sul. Um professor de faculdade Negro teria considerado tal sugestão um insulto. A chamada educação dos Negros com diploma universitário leva-os a jogar fora as oportunidades que têm e sair em busca das que não encontram.

No que se refere à juventude branca neste país, esses jovens podem escolher seus cursos de forma aleatória e ainda assim ter sucesso por conta das inúmeras oportunidades oferecidas por seu povo, e também eles acumulam muito mais sabedoria do que os Negros. Por exemplo, um ou dois anos depois que saí de Harvard, conheci West, um colega que desenvolvia um estudo sobre a lã. "Como é que você entrou nesse tipo de coisa?", perguntei a ele. Ele disse que seu povo já tinha alguma experiência com lã, então, na faculdade ele se preparou para esse trabalho. Ao contrário dele, quando estava na faculdade, estudei Aristóteles, Platão, Marsílio de Pádua e Pascásio Radberto. O amigo que estudou lã, no entanto, agora é independente, rico e tem tempo livre suficiente para desfrutar o lado cultural da vida que desenvolveu com o conhecimento da ciência por trás do seu negócio, por outro lado, eu tenho que ganhar a vida lutando por uma causa difícil.

Um observador viu recentemente num mercado perto de seu escritório um exemplo marcante dessa ineficiência do nosso sistema. Ele com frequência vai até lá ao meio-dia para comprar algumas frutas e conversar com uma jovem que, junto com a mãe, toca com sucesso uma barraca de frutas. Alguns anos atrás, ele tentou dar aulas a ela no ensino médio; mas a memória dela era fraca e ela não conseguia entender o que ele explicava. Ela permaneceu algumas semanas sorrindo para os outros que se esforçavam, mas, por fim, saiu para ajudar a mãe nos negócios. Ela aprendeu com a mãe, no entanto, como ganhar a vida e ser feliz.

Esse observador lembrou-se da jovem pouco depois, com a visita de um amigo que dominara todo o conteúdo do ensino médio naquela época e mais tarde se destacou na faculdade. Esse homem com ensino superior trazia consigo uma queixa contra a vida. Enfrentando extrema dificuldade para encontrar oportunidade de trabalhar na área em que é formado, várias vezes, pensou em cometer suicídio. Um amigo encorajou esse homem desanimado a ir em frente; o quanto antes, melhor. Assim, a comida e o ar que ele agora consome poderão servir para manter vivo alguém em sintonia com a vida e capaz de lidar com os problemas que ela traz. Esse homem foi educado longe da barraca de frutas.

O amigo tentou convencer esse peixe fora d'água das raras oportunidades para os Negros nos negócios, mas ele repreendeu seu conselheiro por instá-lo a assumir esse tipo de serviço quando a maioria dos Negros que tentaram fracassou.

"Se investirmos nosso dinheiro em alguma iniciativa própria", disse ele, "os responsáveis farão mau uso ou vão se apropriar indevidamente. Aprendi com meus estudos de economia que nós também continuávamos a desperdiçar."

Mediante investigação, no entanto, descobriu-se que esse reclamante e a maioria dos outros como ele nunca investiram coisa alguma em nenhuma das iniciativas dos Negros, embora tenham tentado ganhar a vida explorando-os. Mas eles se sentem um pouco culpados nesse sentido e, quando têm algum motivo aparente para encontrar falhas, tentam satisfazer sua consciência, que não faz nada além de condená-los por seu percurso suicida, em que extraem da raça tudo o que podem, sem dar nada em troca.

Negros que gostam de fofocas e escândalos, é claro, foram ao auxílio deles. (Des)educados pelos opressores da raça, tais Negros esperam que o homem de negócios Negro falhe de qualquer maneira. Eles se aproveitam, então, de relatos desfavoráveis, exageram a situação e disseminam falsidades por todo o mundo para a própria ruína. Você lê manchetes como "Fracassa o maior negócio Negro", "Banco Negro é roubado pelos funcionários", e "O declínio do negócio Negro". Os Negros (des)educados, então, ficam dizendo: "Eu te disse! Negros não podem dirigir negócios. Meus professores ressaltaram isso anos atrás, quando estudei economia na faculdade; e eu não colocaria nunca algum dinheiro meu em alguma iniciativa Negra.".

No entanto, estudos mostram que, na mesma proporção do capital investido, as empresas Negras manifestam tanta força quanto as empresas de outrem em situação semelhante. Homens de negócios Negros cometeram erros, e ainda os estão cometendo; mas o elo fraco da corrente é que eles não são devidamente apoiados e nem sempre crescem fortes o suficiente para passar por uma crise. O homem de negócios Negro não falhou aí tanto quanto falhou em conseguir apoio de Negros que deveriam ser mentalmente desenvolvidos o suficiente para enxergar a sabedoria de apoiar tais iniciativas.

Agora, os Negros com "educação superior" que estudaram Economia em Harvard, Yale, Colúmbia e Chicago dirão que o Negro não pode ter sucesso nos negócios porque seus professores, que nunca tiveram sequer experiência nesse campo, escreveram com base nessa experiência. Os brancos, eles dizem, têm o controle dos recursos naturais e monopolizam, assim, a produção de matérias-primas para eliminar a concorrência do Negro. Aparentemente isso é verdade. Se nada mudar do ponto de vista do opressor, ele entenderá que o Negro não consegue passar no teste.

Os impacientes Negros com "educação superior", portanto, dizem que, sob o atual sistema capitalista, o Negro não tem chance de galgar a esfera econômica; a única esperança de melhorar sua condição nesse sentido é através do socialismo, da derrubada do atual regime econômico e da implantação do controle popular sobre recursos e agências que agora são operadas para lucro pessoal. Esse pensamento está ganhando terreno entre os Negros neste país, e os está arrastando rapidamente para as posições dos que, em geral, são conhecidos como "comunistas".

Não pode haver nenhuma objeção a esta mudança radical se ela trouxer consigo algum gênio desprendido que desempenhe a tarefa melhor do que agora, sob o atual regime de competição. A Rússia, até o momento, falhou neste particular sob uma ditadura do proletariado num país agrícola. Mas se este milênio vier ou não, o sistema capitalista está com tanta força entrincheirado no momento que os radicais devem lutar muitos anos para derrubá-lo; e se o Negro tiver de esperar até esse momento para tentar melhorar sua condição, vai passar fome em tão pouco tempo que não estará aqui para contar a história. O Negro, portanto, como todos os outros oprimidos, deve aprender a fazer o chamado "impossível".

O homem de negócios Negro "sem instrução", no entanto, está trabalhando precisamente naquilo que o Negro "(des)educado" foi ensinado a acreditar que não pode ser feito. Esse homem de negócios Negro em grande desvantagem poderia se dar melhor se tivesse alguma ajuda, mas nossas escolas estão produzindo homens que fazem tanto para impedir o progresso do Negro nos negócios como eles fazem para ajudá-lo. O problema é que eles não pensam por si mesmos.

Se o Negro com "educação superior" esquecesse a maioria das teorias não experimentadas que lhe foram ensinadas na escola, se ele pudesse ver através da propaganda que foi instilada em sua mente sob o pretexto de educação, se ele se apaixonasse por seu próprio povo e começasse a se sacrificar pela elevação desse povo, se o Negro com "educação superior" fizesse isso tudo, ele poderia resolver alguns dos problemas ora enfrentados pela raça.

Nos últimos anos, ouvimos muito sobre educação em departamentos de administração de empresas em faculdades Negras; mas se elas forem julgadas pela produção desses departamentos, não valem uma pataca. Os professores desse campo não estão preparados para fazer o trabalho, e os curadores de nossas instituições estão gastando seu tempo com coisas sem importância em vez de se dirigirem ao estudo de uma situação que ameaça o Negro com extermínio econômico.

Faz pouco tempo, detectei a necessidade de uma mudança de atitude quando uma jovem chegou ao meu escritório, quase imediatamente depois de se formar em uma escola de negócios, para buscar emprego. Depois de ouvir sua história, eu lhe propus que fizesse um teste em troca de 15 dólares por semana.

"Quinze dólares por semana!", ela gritou. "Não posso viver com isso, senhor."

"Não vejo por que não possa", respondi. "Você já viveu algum tempo, diz que nunca teve emprego fixo e não tem nenhum agora."

"Mas uma mulher tem que se vestir e se alimentar", disse ela. "Como fazer isso com essa miséria?"

A quantia oferecida era pequena, mas bem superior ao que ela merecia no momento. Na verdade, durante os primeiros seis ou nove meses de sua conexão com alguma empresa, o benefício seria maior para ela do que para a firma. Saindo da escola sem experiência, ela vai servir de empecilho para um negócio até que saiba desempenhar alguma função definida. Em vez de requerer que a empresa lhe pague, ela deveria pagar a empresa pelo treinamento. Os negócios Negros hoje, então, encontram nos "funcionários (des)educados" seu fardo mais pesado. Milhares de diplomados de escolas de negócios brancas passam anos em estabelecimentos como aprendizes sem remuneração e se alegram por ter a oportunidade de aprender a fazer as coisas.

As escolas em que os Negros estão sendo formados, no entanto, não dão aos nossos jovens esse ponto de vista. Eles podem ocasionalmente aprender os conceitos de estenografia e contabilidade, mas não aprendem como aplicar o que estudaram. A instrução que recebem lhes proporciona uma falsa concepção da vida, na medida em que acreditam que o mundo dos negócios lhes deve uma posição de liderança. Eles têm a ideia de treinamento de negócios que costumávamos ter quando se pensava que era possível ensinar qualquer coisa que tivéssemos estudado.

Falta aos diplomados de nossas escolas de negócios a coragem de se jogar em seus recursos e trabalhar por comissão. A grande maioria deles quer ter a garantia de receber uma determinada quantia no final da semana ou do mês. Parece que eles não percebem que os grandes avanços nos negócios foram feitos remunerando-se os homens de acordo com o que fazem. Pessoas com tais impressões falsas da vida não são bons representantes das escolas de administração de empresas.

Não faz muito tempo, uma empresa de Washington, D.C., convocou os formados de várias de nossas faculdades e fez a eles uma proposta convidativa na base de comissão, mas, das centenas de convidados, somente cinco vieram a responder e apenas dois dos cinco deram satisfação. Um terceiro teria conseguido, mas ele não era honesto no trato com o dinheiro porque aprendera a roubar a tesouraria da organização da associação atlética enquanto estava na faculdade. Todos os outros, no entanto, estavam ansiosos para servir em algum lugar em um escritório por um pequeno salário por semana.

Recentemente, uma grande seguradora selecionou para treinamento especial quinze universitários graduados de nossas instituições credenciadas e financiou sua formação especial em seguros. Apenas um deles, no entanto, prestou um serviço eficiente nesse campo. Todos abandonaram o esforço após alguns dias de experiência e aceitaram trabalhar em hotéis ou com a Companhia Pullman, ou foram lecionar ou fazer qualquer outra coisa com um estipêndio fixo até que começassem a praticar suas profissões. A ideia da recompensa imediata, a miopia, a falta de visão e coragem para lutar e vencer os transformaram em fracassos, para começo de conversa. Eles não estavam dispostos a deixar de lado seus casacos e colarinhos e fazer o trabalho de base dos negócios Negros e, assim, criar oportunidades para si mesmos em vez de implorar aos outros por uma chance.

O Negro educado, do ponto de vista do comércio e da indústria, não tem domínio mental para aproveitar as oportunidades que encontra. Ele aparentemente enxerga sua raça com base numa esfera limitada, e com a exceção do que os Negros analfabetos conseguem fazer às cegas, o campo está pronto para a exploração estrangeira. Os estrangeiros veem essa oportunidade assim que chegam às nossas costas, e começam a fabricar e vender aos Negros especialmente coisas como bonés, gravatas e roupas para ficar em casa que podem ser produzidos a um custo baixo e em circunstâncias comuns. O principal problema do Negro nesse setor, no entanto, é a venda; é aí que ele é fraco.

É lamentável, também, que o Negro educado não esteja disposto a iniciar pequenos negócios que gerem grandes negócios. Se ele não consegue proceder de acordo com os métodos das corporações gigantescas sobre as quais lê nos livros, ele não sabe como tomar conta das coisas e organizar as comunidades dos pobres na linha de pequenas empresas. Tal treinamento é necessário, pois a grande maioria dos Negros que conduzem as empresas não teve contato com os métodos de negócios e não captou as possibilidades do campo em que atua. A maioria deles, no início, não tinha experiência, e começou com um conhecimento que foi adquirido conforme observava os negócios de alguém de fora. Um deles, por exemplo, esperou em um clube de negócios branco enquanto distribuía aos membros uma caixa de charutos ou servia um jarro de água. Quando começaram a discutir negócios, no entanto, ele teve de sair da sala. A única vez em que ele poderia vê-los em ação seria quando eles estivessem negociando, cedendo a extravagâncias que o Negro não teria como assumir antes que eles pudessem pagá-lo.

As empresas Negras, portanto, em desvantagem, não desenvolveram estabilidade nem capacidade de crescimento. Praticamente todos os negócios Negros que estavam florescendo em 1900 não existem hoje. Como isso aconteceu? Bem, os homens de negócios Negros têm muito que fazer. Eles não têm tempo para ler a literatura empresarial e estudar o mercado do qual dependem, e eles podem não ser treinados o suficiente para fazer essas coisas. Em geral, operam às cegas ou pelo método de tentativa e erro. Eles não podem garantir uma orientação inteligente porque as escolas não formam homens devidamente instruídos para assumir os negócios Negros da forma como estiverem, para desenvolvê-los e torná-los o que deveriam ser em vez de encontrar falhas neles. Com grande frequência, quando o fundador morre, o negócio morre com ele; ou quebra logo depois do falecimento, pois ninguém manteve contato próximo com ele o suficiente para aprender o segredo de seu sucesso, apesar das desvantagens.

O negócio entre os Negros, também, continua individualista, apesar dos conselhos contrários. O fundador não gosta do plano cooperativo, e a educação empresarial como agora oferecemos aos jovens não faz suas orientações, nesse sentido, convincentes. Caso o fundador venha a ser extraordinariamente bem-sucedido, o negócio pode crescer mais do que seu conhecimento e, tornando-se difícil de administrar, pode falir por causa de decisões erradas; ou, por causa da má gestão, pode ir para as mãos de brancos que, em geral, são chamados na última hora para fazer o que eles chamam de refinanciamento, mas que de fato significa tomar o negócio dos Negros. Os Negros, então, finalmente retiram seu apoio porque percebem que não se trata mais de um empreendimento da raça, e o capítulo se encerra dessa forma.

Todos os fracassos dos negócios Negros, no entanto, não se devem a problemas externos. Muitas vezes, falta bom senso ao homem de negócios Negro. O Negro nos negócios, por exemplo, facilmente se torna uma celebridade social. Ele às vezes se lança na liderança de assuntos locais. Ele se torna popular em círculos restritos, e homens de menos magnetismo ficam com inveja de seus avanços. Ele começa a compreender de que forma homens mais ricos de outras raças desperdiçam dinheiro. Ele constrói uma casa melhor do que qualquer outra na comunidade, e em seu programa social ele não tem muito contato com as pessoas de quem ele deve esperar apoio. Ele tem o melhor carro, pode comprar o vestido mais caro, a melhor casa de veraneio, e se distancia tanto de seus concorrentes na sociedade que eles começam a reagir de maneira quase pueril para rebaixá-lo ao nível deles.

VI. O NEGRO EDUCADO DEIXA AS MASSAS

Uma das evidências mais marcantes do fracasso da educação superior entre os Negros é seu afastamento das massas, justamente das pessoas com as quais, ao fim e ao cabo, eles devem contar para levar adiante um programa de progresso. Disso, as igrejas Negras fornecem a ilustração mais impressionante. A grande maioria dos comungantes Negros ainda pertence a essas igrejas, mas, quanto mais educação os Negros recebem, menos conforto parece que eles encontram nesses grupos evangélicos. Essas igrejas não estão à altura do padrão estabelecido pelos pregadores universitários dos centros de ensino do Norte. A maioria dos Negros que retornam como produtos acabados de tais instituições, então, perde-se para sempre das igrejas Negras populares. Os sem-igreja dessa classe não se tornam membros de tais congregações, e aqueles que assim se conectaram permanecem nelas principalmente por razões políticas ou pessoais e tendem a se tornar comungantes apenas no nome.

A igreja Negra, porém, embora não seja a sombra do que deveria ser, é o grande trunfo da raça. É uma parte do capital que a raça deve investir para construir seu futuro. A igreja Negra assumiu a liderança na educação nas escolas da raça, proveu um foro para o pensamento do Negro de "educação superior", deu origem a grande parte dos negócios controlados por Negros e, em muitos casos, tornou possível a formação de profissionais Negros. É lamentável, então, que essas classes não contribuam mais para o desenvolvimento da instituição. Com essa negligência, estão jogando fora o que possuem para obter algo que pensam necessitar. Em muitos aspectos, a igreja Negra, durante as gerações recentes, tornou-se corrupta. Isso poderia ser melhorado, mas os Negros que podem ajudar a instituição a entregaram para exploradores, trapaceiros e libertinos. Os Negros de "educação superior" se afastaram das pessoas nas igrejas, e a distância entre as massas e o "décimo talentoso"[5] está aumentando rapidamente.

---

5. O Décimo Talentoso é um termo que designava uma classe de liderança de afrodescendentes americanos no início do século XX. O termo foi criado por filantropos da White Northern e então divulgado por W. E. B. Du Bois em um influente ensaio de mesmo nome que ele publicou

Muitos exemplos disso podem ser citados. Quando eu frequentei, pouco tempo atrás, em Washington, D.C., uma das igrejas Negras populares com milhares e milhares de membros, observei um caso impressionante. Enquanto estava sentado lá, pensei na potência que esse grupo poderia se tornar sob a liderança honesta de homens e mulheres inteligentes. Elevação social, negócios, bem-estar público — todos poderão ter suas possibilidades se uma vintena ou mais de nossos Negros com "educação superior" trabalharem com essas pessoas naquele nicho. Procurando com atenção tais pessoas em meio ao público, no entanto, reconheci apenas dois graduados, Kelly Miller e eu mesmo; mas eu tinha ido para receber da igreja uma doação para o Community Chest, e fui de acordo com o designado, fazer um apelo em nome da escola da senhorita Nannie H. Burroughs. Nem eu nem ela manifestamos interesse por aquela igreja em particular. É assim que a maioria das pessoas recebe atenção de nosso "décimo talentoso".

Alguns Negros com "educação superior" dizem que não perderam o interesse pela religião, que foram às igrejas com uma atmosfera mais intelectual, de acordo com seus novos pensamentos e aspirações. E, então, há uma espécie de febre contagiosa que tira das igrejas de sua juventude outras de educação menos formal. Conversando com uma amiga do Alabama, outro dia, descobri que, depois que o pai dela morreu e ela se mudou para Washington, ela abandonou a igreja batista, na qual ele tinha sido um obreiro proeminente, e se juntou a uma igreja ritualística que está mais na moda.

Essa mudança de fé está correta, em certo sentido, pois nenhuma pessoa sensata hoje ousaria argumentar a favor de qualquer religião em particular. A religião é apenas religião se as pessoas viverem de acordo com a fé que professam. O que é dito aqui com respeito às igrejas populares dos Negros, que por acaso são principalmente metodistas e batistas, valeria também se fossem primordialmente católicas e episcopais, desde que a grande maioria dos Negros pertencesse a essas igrejas. A questão aqui é que as igrejas ritualísticas para as quais esses Negros migraram não tocam as

---

em setembro de 1903. Apareceu em *The Negro Problem*, uma coletânea de ensaios escritos por importantes afro-americanos. O termo "décimo talentoso" originou-se em 1896 entre os liberais do norte, especificamente na American Baptist Home Mission Society, uma sociedade missionária cristã fortemente apoiada por John D. Rockefeller. Eles tinham o objetivo de criar faculdades negras no Sul para treinar professores e elites negras. Em 1903, W. E. B. Du Bois escreveu *The Talented Tenth*. Theodore Roosevelt era o presidente dos Estados Unidos nessa época, e a industrialização disparava. Du Bois achou que era uma boa hora para os afro-americanos avançarem em suas posições na sociedade. (N.E.)

massas nem representam um futuro promissor para o desenvolvimento racial. Essas instituições são controladas por aqueles que oferecem aos Negros apenas oportunidades limitadas e, às vezes, com a condição de que sejam segregados no tribunal dos gentios, fora do templo de Jeová.

A forma como um "Negro educado" pode, assim, deixar a igreja de seu povo e aceitar tal jimcrowismo[6] sempre foi um enigma. Ele não pode ser um homem pensante. Pode ser uma sorte de psicologia escravagista que causa essa preferência pela liderança do opressor. A desculpa, às vezes, dada para buscar tal liderança religiosa é que as igrejas evangélicas Negras são "caturras", mas um homem pensante prefere estar atrasado e ter seu autorrespeito a comprometer sua natureza humana aceitando a segregação. Dizem que em algumas igrejas Negras os bispados são comprados, mas é melhor para o Negro pertencer a uma igreja onde se pode conseguir um bispado por compra do que ser membro de uma que negaria a promoção por causa da cor.

Com respeito ao desenvolvimento das massas, então, a raça Negra perdeu terreno nos últimos anos. Em 1880, quando os Negros começavam a se destacar no ensino, a atitude dos dirigentes era diferente da de hoje. Naquela época, os homens iam para a escola a fim de se preparar para a elevação de um povo oprimido. Atualmente, com frequência, Negros vão à escola a fim de memorizar certos fatos para passar nos exames de emprego. Depois de obterem esses postos, prestam pouca atenção à humanidade. Essa atitude do "Negro educado" para com as massas resulta em parte da tendência geral de todas as pessoas para o egoísmo, mas funciona mais desastrosamente entre os Negros do que entre os brancos, porque as classes mais baixas destes últimos tiveram muito mais oportunidades.

Há algum tempo, venho desenvolvendo um estudo especial sobre os Negros da cidade de Washington para comparar sua condição de hoje com a do passado. Agora, embora os Negros com "educação superior" do Distrito de Colúmbia tenham se multiplicado e aparentemente estejam em melhores condições do que nunca, as massas demonstram quase tanto atraso quanto em 1880. Às vezes, encontram-se até duas ou três fachadas de igreja em um único quarteirão, onde os Negros se entregam a práticas pagãs que não poderiam ser encontradas nem na selva. Os Negros na África não desceram a tais profundezas. Embora tenha nascido e crescido no Cinturão Negro do Sul, eu nunca vi tendências idólatras como vi sob a cúpula do Capitólio.

---

6. Referente às Leis de Jim Crow, um conjunto de leis estaduais e locais que impunham a segregação racial no sul dos Estados Unidos. (N.E.)

Tais condições mostram que o Negro subdesenvolvido foi abandonado por aqueles que deveriam ajudá-lo. O homem branco educado, disse um observador há pouco tempo, difere do "Negro educado" que tão prontamente abandona o elemento atrasado de sua raça. Quando um homem branco vê pessoas de sua própria raça tendendo a decair num nível de desgraça, ele não descansa até elaborar um plano para levar essas criaturas infelizes a uma base mais elevada; mas o Negro esquece os delinquentes de sua raça e segue seu caminho a fim de encher o próprio ninho, como fez ao deixar as massas nas igrejas populares.

Isso, com efeito, é triste, pois a igreja Negra é a única instituição que a raça controla. Com exceção dos débeis esforços de umas poucas instituições quase esgotadas, a educação dos Negros é controlada pelo outro elemento; e salvo a dramatização da educação prática por Booker T. Washington, os Negros não influenciaram o sistema de forma alguma na América. Nos negócios, a falta de capital, crédito e experiência tem impedido grandes empreendimentos de acumular a riqueza necessária para o bem-estar e o conforto essenciais à cultura mais elevada.

Na igreja, contudo, o Negro teve liberdade suficiente para desenvolver essa instituição do seu próprio jeito; mas ele falhou ao fazer isso. Sua religião é apenas um empréstimo dos brancos que escravizaram e segregaram os Negros; e a organização, embora seja em grande parte uma instituição Negra independente, é dominada pelo pensamento dos opressores da raça. O ministro Negro "educado" é treinado de forma a se afastar das massas e dos pregadores analfabetos, em cujas mãos o povo inevitavelmente cai, ele é incapaz de desenvolver uma doutrina e um procedimento próprios. O pensamento dominante faz uso do dogma dos brancos como meio para um fim. Sendo ou não o que deveria ser, o sistema serve ao propósito.

Assim como um camaleão, o Negro assimilou quase tudo o que surgiu de religioso, em vez de pensar por si mesmo. Os ingleses se separaram dos católicos porque Henrique VIII teve dificuldade em obter sanção da Igreja para satisfazer a seu desejo por mulheres amorosas, e os Negros foram com essa laia, cantando "Deus salve o rei". Outros disseram mais tarde que o necessário é o batismo por imersão; e os Negros se juntaram a eles como batistas. Outro círculo de promotores disse que devemos ter um novo método de fazer as coisas e nos chamaremos de metodistas; e os Negros, então, abraçaram essa fé. Os metodistas e os batistas se dividiram ainda mais por causa do costume de manter pessoas escravizadas; e os Negros alinharam-se nos respectivos lados. Os agitadores religiosos se dividiram ainda mais em questões além do poder humano de entender; e os Negros começaram, de maneira semelhante, a imitá-los.

Por exemplo, trinta dos 213 grupos religiosos relatados em 1926 eram exclusivamente Negros, enquanto trinta que eram principalmente de denominações brancas tinham uma ou mais igrejas Negras entre eles. Em outras palavras, os Negros entraram em quase todas as seitas estabelecidas pelos brancos; e, além dessas, eles estabeleceram trinta por conta própria para proporcionar ao sistema mais complicações e subdivisões. A situação nessas igrejas também é agravada pelo fato de terem muitos ministros e cerca de cinco vezes mais supervisores oficiais do que realmente precisaria uma igreja que abraçasse todos os comungantes Negros. Todos os metodistas Negros no mundo, se unidos, não precisariam de mais do que doze bispos, e estes teriam tempo para dirigir os assuntos tanto dos metodistas quanto dos batistas em uma igreja unida. Não há necessidade de três ou quatro bispos, cada um ensinando a mesma fé e prática, enquanto duplica o trabalho do outro na mesma área apenas porque há muito tempo alguém seguindo os opressores ignorantes da raça nessas igrejas cometeu o pecado da dissensão e da contenda. Por todas essas despesas desnecessárias, os Negros empobrecidos têm de pagar. A "teologia" dos "estrangeiros" também é um fator importante nessa desunião das igrejas e no fardo que elas impõem a um povo não esclarecido. Os teólogos têm sido a "ruína da bem-aventurança e fonte de desgraças". Enquanto trazem a alegria da conquista para o próprio acampamento, eles confundem o mundo com disputas que têm dividido a igreja e incitado a divisão e a subdivisão a ponto de esta não mais funcionar como um instrumento cristão para a elevação de todos os homens.

Para começar, a teologia tem origem pagã. Alberto Magno e Tomás de Aquino desenvolveram o primeiro desses sistemas, aplicando à discussão religiosa a lógica de Aristóteles, um filósofo pagão, que não acreditava na criação do mundo nem na imortalidade da alma. Na melhor das hipóteses, foi um aprendizado degenerado, baseado na teoria de que o conhecimento é obtido por meio da mente trabalhando sobre si mesma, e não sobre a matéria ou por intermédio da percepção dos sentidos. O mundo foi, portanto, confundido com a discussão sobre absurdos assim como é hoje por aqueles líderes religiosos proeminentes. Também por seu "raciocínio" peculiar, os teólogos sancionaram a maioria dos males de todos os tempos. Eles justificaram a Inquisição, a servidão e a escravidão. Teólogos de nosso tempo defendem a segregação e a aniquilação de uma raça pela outra. Eles se afastaram da retidão num esforço para fazer o errado parecer certo.

Embora devamos responsabilizar os Negros por seguir esses teóricos ignorantes, não deveríamos colocar na conta deles a origem desse absurdo por meio do qual confundiram pessoas imprudentes. Como dito anteriormente, o Negro tem estado tão ocupado fazendo o que lhe é dito para fazer que não parou para pensar o suficiente sobre o significado dessas coisas. Ele tomou emprestado as ideias de seus críticos, em vez de se aprofundar nas coisas e desenvolver algumas ideias próprias. Alguns líderes Negros dessas facções religiosas sabem disso, mas retêm seguidores mantendo o povo dividido, dando ênfase àquilo que não é essencial, cuja insignificância o homem comum talvez não avalie. Os Negros com "educação superior" que sabem que não se deve seguir esses homens sem princípios abandonaram essas igrejas populares.

Ao servir como caminho para a propaganda do opressor, a igreja Negra, apesar de ter feito algum bem, impediu a união de diversos elementos e manteve a raça fraca demais para superar inimigos que de propósito ensinaram os Negros a brigar e lutar por futilidades até que seus inimigos possam superá-los. Esta é a tônica do controle das chamadas raças inferiores pelo autodenominado superior. Um pensa e planeja enquanto o outro, com excitação, aprisiona e destrói seu irmão, com quem deveria cooperar.

VII. DISSENSÃO E FRAQUEZA

Nos últimos anos, as igrejas dos grandes centros têm devotado menos atenção à dissensão do que outrora, mas nos distritos rurais e cidades pequenas elas não mudaram muito; e nem nas comunidades urbanas nem no campo conseguiram reunir essas igrejas para trabalhar em prol do bem-estar geral. As seitas militantes ainda estão lutando umas com as outras, e, além disso, os próprios membros dessas seitas estão disputando entre si. O espírito de Cristo não pode habitar em tal atmosfera.

Experiências recentes mostram que essas dissensões estão mais em proeminência do que jamais estiveram. Por exemplo, uma comunidade rural, na qual um observador passou três semanas há um ano, não tem nenhuma igreja, embora morem lá oito ou dez famílias. Nenhuma igreja consegue prosperar entre elas porque, com uma ou duas exceções, cada família tem uma origem diferente, e o viés sectário é tão pronunciado que uma não vai se alinhar ao procedimento da outra. Cada um ama seu companheiro se ele pensar da mesma forma; mas, se o companheiro pensar diferente, ele será odiado e evitado.

Em outra comunidade rural, onde o mesmo observador recentemente passou duas semanas, ele encontrou uma pequena e pouco frequentada igreja metodista. Louvando lá uma manhã de domingo, ele contou apenas quatro pessoas que viviam na comunidade. Outros poderiam ter ido, pois não havia outra igreja para eles naquele lugar; mas essa igreja em particular não compartilhava a mesma fé, e o número era muito pequeno para justificar o estabelecimento de uma ao gosto deles. O apoio dado ao infeliz pastor é tão escasso que ele mal consegue ir até lá uma vez por mês, e por consequência, esses camponeses estão, na prática, sem liderança espiritual. Pessoas direcionadas a desenvolver tal atitude estão em desvantagem na vida.

Pouco tempo atrás, alguém questionou o motivo de as escolas religiosas não ensinarem as pessoas a tolerar diferenças de opinião e a cooperar para o bem comum. Isso, no entanto, é uma coisa que essas instituições se recusaram a fazer. Instituíram-se escolas religiosas, mas elas são consideradas necessárias para fornecer obreiros para os cargos elevados das denominações e para manter vivo o viés sectário pelo qual os batistas esperam passar à frente dos metodistas, ou vice-versa. Nenhum professor em uma dessas escolas avançou um único pensamento que tenha se tornado um princípio de trabalho na cristandade, e nenhum desses centros merece o nome de escola de teologia. Se todos os professores dessas escolas fossem reunidos e cuidadosamente peneirados, não se encontraria em todo o grupo um número suficiente qualificado para conduzir uma escola de religião credenciada. A grande maioria deles está engajada em transmitir aos jovens teorias desgastadas do opressor ignorante.

Essa falta de professores qualificados nas escolas de teologia Negras, no entanto, não é totalmente culpa dos próprios professores. Deve-se, em larga medida, ao sistema ao qual pertencem. Suas escolas de "teologia" são empobrecidas por sua multiplicação desnecessária, e, por conseguinte, os instrutores são mal pagos ou não recebem remuneração alguma. Muitos deles têm que cultivar a terra, conduzir empresas ou pastorear igrejas para ganhar a vida enquanto tentam ensinar. Muitas vezes, então, apenas o ineficiente pode ser retido sob tais circunstâncias. No entanto, aqueles que veem como falharam por causa dessas coisas se opõem à unificação das igrejas, como ensinado por Jesus de Nazaré, a quem todos deixaram de seguir por causa de seu viés sectário obtido a partir de livros desgastados por polegares de americanos e europeus equivocados.

Recentemente, um observador viu um resultado disso no sermão de um Negro com diploma universitário, tentando pregar para uma igreja das massas. Ele se referiu a todos os grandes homens na história de determinado país para mostrar o quão religiosos eles eram, fossem eles ou não. Quando ele tentou definir o caráter cristão de Napoleão, no entanto, vários seguidores, revoltados, sentiram vontade de deixar o lugar. O clímax do culto foi uma oração de outro Negro "(des)educado" que dedicou a maior parte do tempo a agradecer a Deus por Cícero e Demóstenes. Este foi um caso da religião pagã passada ao Negro pelo escravizador e segregacionista.

Voltando da mesa onde havia colocado a oferenda em uma igreja numa manhã de domingo não muito depois, esse observador viu outro exemplo marcante do fracasso em atingir o alvo. Ele perguntou ao amigo, Jim Minor, qual era o motivo de ele não ter atendido ao apelo por uma coleta.

"O quê?", disse Jim. "Eu vou dar é coisa nenhuma para aquele homem. Aquele homem não me deu de comer hoje cedo, então, não vou dar nada de comer a ele!"

Esta foi a reação de Jim a um sermão "acadêmico" intitulado "A Humilhação da Encarnação". Durante o discurso, também, o ministro já tinha dito muito a respeito de John Knox Ortodoxo, e mais um dos comungantes curvando-se naquele santuário perguntou ao observador mais tarde sobre quem era esse John Knox Ortodoxo e onde ele morava. O observador não pôde responder a todas as evocações que lhe foram inquiridas, mas tentou explicar o melhor que pôde que o orador tinha "estudado" história e teologia.

Este foi o efeito que esse sermão teve em uma congregação séria. O ministro frequentara uma escola de teologia, mas tinha apenas memorizado palavras e frases que significavam pouco para ele e nada para aqueles que ouviram seu discurso. A escola em que ele fora treinado seguiu o curso tradicional para ministros, devotando a maior parte do tempo a línguas mortas e questões mortas. Ele dera atenção ao politeísmo, ao monoteísmo e à doutrina da Trindade. Estudara também a base filosófica do dogma caucasiano, os elementos dessa teologia e o cisma por meio do qual os fanáticos fizeram da religião um futebol e multiplicaram guerras apenas para encharcar o solo da Europa com o sangue de homens inofensivos.

Esse ministro não deu atenção ao passado religioso dos Negros a quem ele estava tentando pregar. Ele não sabia nada de suas virtudes espirituais e da experiência religiosa influenciada pelas tradições e pelo ambiente em que a religião do Negro se desenvolveu e se expressou. Ele parecia não saber nada sobre sua situação atual. Essas pessoas honestas, portanto, não tiveram nenhum conhecimento adicional quando ele terminou o discurso. Como um comungante apontou, os desejos deles não tinham sido supridos, e eles se perguntavam para onde poderiam ir a fim de ouvir uma palavra que tivesse alguma influência sobre a vida que eles tinham de viver.

Não faz muito tempo, quando eu estava na Virgínia, procurei um homem que já foi um pregador popular naquele estado. "Ele está aqui", disseram, "mas não está pregando agora". Ele foi embora para frequentar a escola, e quando voltou as pessoas não conseguiam entender o que ele estava falando. Então, ele começou a repreender as pessoas porque elas não iam à igreja. Ele as chamou de caturras porque elas não apreciavam seu novo estilo de pregação e as coisas que ele falava. A igreja ficou reduzida a nada, e ele finalmente a deixou e começou a trabalhar com agricultura.

Em uma comunidade rural, então, um pregador desse tipo deve fracassar, a menos que ele possa organizar, em separado, membros das igrejas populares metodista e batista que vão para as igrejas ritualísticas, ou instituir certas igrejas metodistas ou batistas "refinadas" que atendam ao "décimo talentoso". Por falta de números adequados, no entanto, essas igrejas, muitas vezes, não conseguem desenvolver força suficiente para fazer algo por si ou por qualquer outra pessoa.

Assim, no domingo de manhã, seus pastores têm de falar para os bancos. Enquanto essas igrejas truncadas se elevam em sua atmosfera de autossatisfação, os subdesenvolvidos intelectualmente ficam em vias de se afundar mais e mais por causa da falta de contato com os mais bem treinados. Se estes últimos exercessem um pouco mais de julgamento, seriam capazes de influenciar essas pessoas para o bem, introduzindo ideias avançadas de forma gradual.

Uma vez que nosso povo com "educação superior" não faz isso, um grande número de Negros se afasta para as igrejas lideradas por ministros "sem instrução" que mal sabem ler e escrever. Esses pregadores não sabem muito do que se encontra nos livros escolares e mal conseguem fazer uso de uma biblioteca para preparar um sermão; mas entendem as pessoas com quem lidam e fazem tal uso do laboratório humano que, às vezes, se tornam especialistas em resolver problemas vexatórios e atender às necessidades sociais. Eles seriam pregadores muito melhores se pudessem ter frequentado uma escola dedicada ao desenvolvimento da mente em vez de abarrotá-la com assuntos estranhos que não têm relação com a tarefa que está diante deles. Infelizmente, porém, restaram pouquíssimas dessas escolas de religião.

Por falta de orientação inteligente, então, a igreja Negra muitas vezes cumpre uma missão contrária àquela para a qual foi instituída. Porque a igreja Negra é um campo livre e é controlada em larga medida pelos próprios Negros, parece que quase todos os incompetentes e indesejáveis que foram barrados em outras esferas da vida por preconceito racial e dificuldades econômicas correram para o ministério para explorar o povo. Ministros honestos que tentam cumprir seu dever, então, encontram sua tarefa dificultada por esses homens que se curvam a praticamente tudo que for imaginável. Quase qualquer pessoa do tipo mais baixo pode entrar no ministério Negro. Os metodistas afirmam que têm regulamentos estritos para evitar isso, mas a rede deles atrai, na mesma proporção, tantos indesejáveis quanto encontrados entre os batistas.

Como prova das profundezas a que chegou a instituição, um morador de Cincinnati relatou, não faz muito tempo, um caso de exploração por um ferroviário que perdeu o emprego e posteriormente todos os seus ganhos em um jogo num antro de vício daquela cidade. Para se refinanciar, ele pegou um velho fraque preto e uma Bíblia e foi para o coração do Tennessee, onde conduziu em vários pontos uma série de reuniões aleatórias e prolongadas que renderam a ele 299 convertidos à fé e 400 dólares em dinheiro. Assim, ele teve condições de retornar ao jogo em Cincinnati e ainda está na liderança. Outros casos como esse são relatados com frequência.

A grande maioria dos pregadores Negros de hoje, então, não faz nada mais do que manter o medieval medo do fogo do inferno que os brancos há muito abandonaram, para enfatizar a tendência humanitária na religião por meio da educação sistematizada. Os jovens da raça Negra poderiam ser mantidos na igreja por algum programa desse tipo, mas a cristandade do Negro não concebe a elevação social como um dever da igreja; e, como consequência, as crianças Negras não têm recebido educação religiosa adequada para se igualarem às demandas sociais que acolhem. Dando as costas ao medievalismo, então, esses jovens destreinados não veem impedimentos em absorver o *moon-shining*[7], o jogo e a extorsão como ocupações; e encontram grande alegria no fumo, na bebida e na fornicação como distrações. Eles não podem aceitar as velhas ideias e não entendem as novas.

O que a igreja Negra é, entretanto, tem sido determinado em larga medida pelo que o homem branco ensinou à raça por preceito e exemplo. Devemos lembrar que os Negros aprenderam sua religião com os primeiros metodistas e batistas brancos que evangelizaram os escravizados, e os brancos pobres quando eles foram impedidos de fazer proselitismo com a aristocracia. Os próprios americanos brancos ensinaram os Negros a se especializar excessivamente na adoração com "Louvado seja o Senhor" e "Aleluia". Nas Índias Ocidentais, entre os anglicanos e entre os latinos, os Negros não demonstram tal sentimentalismo. Eles são frios e conservadores.

Alguns dos brancos americanos, além disso, estão tão atrasados nesse aspecto quanto os Negros, que tiveram menos oportunidades de aprender melhor. Há pouco tempo, quando estive em Miami, na Flórida, descobri em duas "Igrejas de Santidade" inter-raciais que um terço ou um quarto de seus seguidores eram brancos. Os brancos uniram-se de todo o coração aos Negros em seu "entusiasmo santo", e alguns deles pareciam mais entusiasmados do que santificados.

---

7. Bebida artesanal de alta gradação alcoólica. Aqui o autor se refere ao seu consumo ou sua produção/comercialização. (N.T.)

Alguns meses atrás, em Huntington, Virgínia Ocidental, fui recebido por amigos numa festa que foi perturbada durante toda a noite pelas explosões mais insanas de adoradores brancos em uma "Igreja de Deus" do outro lado da rua. Lá eles diariamente se entregavam a tanta algazarra e gritaria em "línguas estranhas" que os Negros tiveram que denunciá-los à polícia como um incômodo. Eu fiz um estudo cuidadoso sobre a igreja Negra, mas nunca soube de Negros que tivessem feito algo que superasse o desempenho escandaloso daqueles pagãos.

As ideias de moralidade dos Negros americanos também foram emprestadas de seus proprietários. Não se podia esperar que os Negros estabelecessem um padrão mais alto do que sua classe governante aristocrática, que fervilhava em pecado e vício. Esse estado de coisas corrupto não passou de forma fácil. Os Negros nunca viram nenhum exemplo marcante entre os brancos para ajudá-los em matéria de religião. Mesmo durante o período colonial, os brancos afirmavam que seus ministros enviados às colônias pela Igreja Anglicana, progenitora da Igreja Episcopal Protestante na América, formavam uma classe degenerada que explorava as pessoas para arrecadar dinheiro que era desperdiçado em corridas de cavalos e bebidas alcoólicas. Alguns desses ministros eram conhecidos por terem relações ilícitas com mulheres e, por consequência, fechavam os olhos para os pecados dos oficiais de suas igrejas, que vendiam a própria descendência, como mulheres escravizadas.

Embora eu tenha nascido dez anos após a Guerra Civil, sei que a moral e a religião daquele regime continuaram até mesmo em minha época. Muitos dos homens brancos ricos ou bem de vida que pertenciam às igrejas no condado de Buckingham, Virgínia, se lançavam à poligamia. Eles criavam uma família com uma mulher branca e outra com uma mulher não branca ou uma branca pobre. Tanto o proprietário da maior pedreira de ardósia quanto o proprietário da maior fábrica daquele município viviam dessa maneira. Um era um episcopal notável e o outro, um distinto católico.

Um dia, o encarregado da fábrica, um diácono polígamo da Igreja Batista Branca local, convocou os operários, ao meio-dia, para uma breve cerimônia em homenagem ao pároco Taylor, por quase meio século o pastor da grande Igreja Batista Branca naquela região. O encarregado fez alguns comentários sobre a vida do distinto ministro e, em seguida, todos cantaram "Iremos nos encontrar além do rio?". Mas, "para salvar a própria vida", eu não conseguia deixar de me perguntar se seria a esposa branca do encarregado ou a concubina não branca a saudá-lo do outro lado. E que conflito haveria se elas começassem uma briga à moda antiga de puxões de cabelo. Apesar das conexões libertinas, no entanto, esse encarregado acreditava ser um cristão, e, quando ele morreu, sua eulógia[8] recomendou sua alma a Deus.

Alguns anos depois, numa época em que estive fazendo um estágio de seis anos numas minas de carvão da Virgínia Ocidental, encontrei em Nutallburg um sacristão muito fiel da Igreja Episcopal branca daquela época. Ele era um dos mais devotos do ponto de vista de seus colegas de trabalho. Contudo, secretamente, esse homem se gabava de ter participado do linchamento mais brutal dos quatro Negros que encontraram condenação nas mãos de uma turba enfurecida em Clifton Forge, na Virgínia, em 1892.

É muito claro, então, que se os Negros tiraram sua concepção de religião de escravagistas, libertinos e assassinos, deve haver algo de errado nisso, e não faria mal investigar. Já foi dito que os Negros não relacionam moral com religião. Como historiador, gostaria de saber que raça ou nação faz tal coisa. Decerto, os brancos com os quais os Negros entraram em contato não o fizeram.

---

8. A eulógia, termo de origem grega que significa bênção ou oferenda, representa um conjunto de palavras em louvor de algo ou alguém; pode ser um discurso fúnebre. (N.E.)

VIII. EDUCAÇÃO PROFISSIONAL DESENCORAJADA

No treinamento para outras profissões não relacionadas ao ministério e ensino, o Negro não teve pleno controle. Qualquer comentário extensivo sobre a educação profissional do Negro, então, deve ser em maior medida negativo. Não temos escolas profissionais suficientes nas quais possamos basear uma estimativa do que o educador Negro pode fazer nesse âmbito. Se erros foram cometidos na (des)educação profissional do Negro, isso deve ser cobrado não tanto na conta dos próprios Negros, mas de seus amigos que desempenharam essa tarefa. Estamos lidando aqui, então, principalmente com informações obtidas no estudo sobre Negros que foram profissionalmente treinados por brancos em suas próprias escolas e em instituições mistas.

O maior número de Negros em outras profissões não relacionadas ao ministério ou à educação é composto de médicos, dentistas, farmacêuticos, advogados e atores. Os números nessas e em outras frentes não aumentaram de forma equilibrada em consequência da situação econômica dos Negros e provavelmente por causa de uma falsa concepção do papel do profissional na comunidade e sua relação com ele. As pessoas a quem os profissionais Negros se ofereceram para servir nem sempre lhes deram o apoio suficiente para desenvolver aquela posição nem solidariedade para tornar sua posição profissional e influente. A maioria dos brancos em contato com os Negros, sempre os professores de seus irmãos de raça, tanto por preceito quanto pela prática, tratou as profissões como meios aristocráticos aos quais os Negros não deveriam aspirar.

Tivemos, então, um número muito menor do que o daqueles que, em circunstâncias diferentes, teriam ousado cruzar a linha; e aqueles que o fizeram morreram de fome por causa dos brancos, que não os trataram como uma classe profissional. Era impraticável para os Negros ser empregados em áreas nas quais não poderiam atuar com eficiência. Por exemplo, por causa de uma lei que diz que um homem Negro não pode ser admitido na ordem dos advogados em Delaware sem exercer um ano sob a supervisão de algum advogado branco no estado (e nenhum advogado branco daria a um Negro tal oportunidade até alguns anos atrás); há pouco tempo um Negro foi admitido lá.

Os Negros, então, aprenderam com seus opressores a dizer aos filhos que havia certos círculos dos quais não deveriam participar porque ali não teriam chance de desenvolvimento. Em vários lugares, os jovens eram desencorajados e tinham medo de tentar atuar em certas profissões em razão da pouca experiência daqueles que tentavam exercer suas funções. Poucos tiveram a coragem de enfrentar essa provação; e algumas escolas profissionais em instituições para Negros foram fechadas cerca de trinta ou quarenta anos atrás, em parte por causa disso.

Isso também ocorria em especial nas faculdades de direito, fechadas durante a fase da legislação contra os Negros, na mesma época que o maior número possível de Negros precisava conhecer a lei para a proteção de seus direitos civis e políticos. Em outras palavras, aquilo de que o paciente mais precisava para superar a crise foi tirado dele para que morresse com mais facilidade. Este ato específico, entre muitos outros, é um excepcional monumento à estupidez ou malevolência dos responsáveis pelas escolas Negras e serve como uma demonstração notável da (des)educação da raça.

Quase qualquer observador se lembra com clareza dos duros julgamentos dos advogados Negros. Um exemplo notável das dificuldades foi fornecido pelo caso do primeiro deles a se estabelecer de forma permanente em Huntington, Virgínia Ocidental. O autor tinha confiado a ele a tarefa de corrigir um erro na transferência de alguns bens adquiridos de um dos advogados brancos mais populares do Estado. Durante seis meses, essa simples transação foi atrasada, e o advogado Negro não conseguiu induzir o advogado branco a agir. O próprio autor, por fim, foi ao escritório para reclamar do atraso. O advogado branco foi franco ao declarar que não havia tocado no assunto porque não tinha interesse em tratar com um advogado Negro; mas trataria com o autor, que por acaso era na época professor de uma escola Negra e estava, portanto, em seu lugar.

Houve um tempo em que os Negros da medicina e de áreas correlatas eram vistos pelo mesmo prisma. Eles tinham dificuldade em fazer seu próprio povo acreditar que podiam curar uma doença, obturar um dente ou manipular uma receita. Os brancos diziam que eles não podiam; e, claro, se os brancos diziam, era verdade, pelo menos no que se referia à maioria dos Negros. Naqueles campos, no entanto, efetivas demonstrações em contrário convenceram um número suficiente tanto de Negros como de brancos de que tal atitude em relação a essas classes era falsa, mas há muitos Negros que ainda seguem esses primeiros ensinamentos, especialmente os que têm "educação superior", que na escola tiveram acesso a razões "científicas" para isso. É um processo notável de fato que, enquanto em um departamento de uma universidade um Negro pode estudar para uma profissão, em outro departamento da mesma universidade mostram a ele que o profissional Negro não pode ter sucesso. Alguns que têm "educação superior", então, gastam seu tempo com aqueles que são frequentemente inferiores aos Negros que eles ignoram. Apesar de ter havido um aumento nessas esferas particulares, no entanto, as profissões entre os Negros, com exceção das relacionadas ao ensino e pregação, ainda são insuficientes.

Da mesma forma, o Negro já foi desencorajado e dissuadido de dedicar-se às artes, ao desenho, à arquitetura, à engenharia e à química. Os brancos diziam ao Negros que estes não seriam contratados e que seu povo não poderia lhes oferecer oportunidades. A ideia de ser pioneiro ou de desenvolver o Negro a ponto de ele figurar nessas áreas não despontou nos instrutores dos Negros que se preparavam para o trabalho em sua vida. Essa tradição ainda é um fardo pesado na educação do Negro, e força muitos Negros a deixar as esferas nas quais eles poderiam atuar e substituí-las por aquelas para as quais eles podem não ter nenhuma aptidão.

Na música, na dramaturgia e nas artes correlatas, também, infelizmente, o Negro foi induzido a erro. Como o Negro tem talento como cantor e pode executar com mais sucesso do que os outros a música de seu próprio povo, disseram que ele não precisa de treinamento. Dezenas daqueles que se comprometeram a atuar nesse meio sem a educação adequada, então, desenvolveram-se apenas até um ponto, além do qual não tiveram condições de ir. Não podemos estimar com facilidade o quão populares os músicos Negros e sua música teriam se tornado se tivessem sido ensinados do contrário.

Destes, vários exemplos podem ser citados. Um homem distinto, falando recentemente como membro de uma grande igreja episcopal, que mantém uma missão Negra, fez objeção ao orçamento de mil e quinhentos dólares por ano para música para esses comungantes segregados. Visto que os Negros têm talento natural para a música, ele não acreditava que treinamento ou uma orientação dispendiosa fossem necessários. O pequeno número de faculdades e universidades Negras que promovem o treinamento do Negro na música é mais uma evidência da crença de que o Negro é quase perfeito nesse campo e deveria direcionar a atenção para os currículos tradicionais.

O mesmo mal-entendido a respeito do Negro na dramaturgia também é evidente. Por muito tempo acreditamos no pensamento de que o Negro é um ator natural, que não requer estímulo para seu desenvolvimento. Nessa assertiva está a ideia de que o Negro, por ser bom dançarino, brincalhão, menestrel e coisas do gênero, está "em seu lugar" ao "fazer exibições" e não precisa ser treinado para funcionar na esfera superior das artes dramáticas. Assim enganados, muitos Negros talentosos para o palco não floresceram em grandes possibilidades. Alguns deles, por fim, terminaram com papéis em cafés, cabarés e casas noturnas questionáveis da América e da Europa; e em vez de aumentar o prestígio do Negro, eles conduziram a raça à desgraça.

Mal nos damos conta da péssima exibição que fazemos nas artes dramáticas, apesar de nossa aptidão natural nessa esfera. Apenas cerca de meia dúzia de atores Negros alcançou a grandeza, mas temos mais atores e *showmen* do que quaisquer outros profissionais, exceto professores e ministros. Onde estão esses milhares de homens e mulheres no meio histriônico? O que ouvimos a respeito deles? O que eles conseguiram? Um registro mostra que apenas alguns estão à altura do padrão do palco moderno. A maioria desses aspirantes a artistas não tem preparação para as tarefas empreendidas.

Um estudo cuidadoso sobre o Negro nas artes dramáticas mostra que apenas aqueles que, com efeito, dedicaram tempo para o treinamento conseguiram resistir. A salvação foi perceber que o treinamento adequado é o caminho mais seguro para atingir a maturidade artística. E os poucos que assim entenderam a situação demonstram, de forma clara, nossa inépcia no fracasso em educar os Negros de acordo com as linhas em que eles poderiam ter sido admiravelmente bem-sucedidos. Algumas de nossas escolas, por algum tempo, comprometeram-se com esse trabalho imitando instituições que lidam com pessoas em outras circunstâncias. Não houve, contudo, resultados desejáveis, e o Negro no palco ainda é o principal produto do método de tentativa e erro.

Uma série de outras razões pode ser atribuída ao fracasso de um grande número de atores Negros ao alcançar um nível mais alto. Em primeiro lugar, eles foram reconhecidos pelo homem branco apenas em comédias nas *plantations* e nos *shows* de menestréis, e, por causa do grande número que ingressou nessa área, não foi possível oferecer um futuro brilhante para muitos desses aspirantes. Ouvindo repetidas vezes do homem branco que ele não poderia funcionar como um ator em um meio diferente, o Negro americano praticamente parou de tentar fazer qualquer outra coisa. A carreira de sucesso de Ira Aldridge em Shakespeare ficou esquecida até pouco tempo atrás, quando foi rememorada graças ao sucesso dramático de Paul Robeson em Otelo. A grande maioria dos Negros se acomodou e se contentou em atuar como palhaços e comediantes comuns. Eles não tiveram coragem ou não aprenderam a quebrar as barreiras impostas e ocupar uma base mais elevada.

O autor Negro não foge à regra tradicional. Ele escreve, mas espera-se do homem branco que ele saiba mais do que o Negro a respeito de todas as coisas. Então, quem quer um livro escrito por um Negro sobre ser Negro? Via de regra, nem mesmo o próprio Negro, pois, se ele é realmente "educado", deve mostrar que aprecia o que há de melhor na literatura. O autor Negro, então, não consegue encontrar editor nem leitor, e sua história permanece sem ser contada. Os editores e repórteres Negros já foram tratados da mesma maneira, mas, graças aos tipógrafos não educados que fundaram a maioria de nossos jornais que tiveram sucesso, esses homens visionários tornaram possível para os Negros "educados" ganhar a vida nesse meio na proporção em que se recuperam de sua educação e aprendem a lidar com o Negro como ele é e na situação em que se encontra.

IX. EDUCAÇÃO POLÍTICA NEGLIGENCIADA

Há algum tempo, quando o congressista Oscar De Priest distribuía milhares de cópias da Constituição dos Estados Unidos, alguns sábios estavam dispostos a fazer chacota disso. Qual o propósito de tal ato? Esses críticos, no entanto, provavelmente não sabiam que milhares e milhares de crianças Negras neste país não têm permissão para usar livros escolares nos quais estejam impressas a Declaração de Independência ou a Constituição dos Estados Unidos. Thomas Jefferson e James Madison são mencionados em sua história como figuras na política e não como expositores dos direitos de ser livre e viver em liberdade. Esses jovens não têm permissão para saber que Jefferson acreditava que o governo deveria derivar seu poder a partir do consentimento dos governados.

Não muito tempo atrás, uma medida foi introduzida em uma certa legislatura estadual para que a Constituição dos Estados Unidos fosse impressa em histórias escolares, mas, quando a lei estava prestes a ser aprovada, foi revogada por alguém que ressaltou que não seria bom que os Negros estudassem a Constituição dos Estados Unidos. Se os Negros tivessem a oportunidade de examinar esse documento, poderiam aprender a lutar pelos direitos garantidos nele; e nenhum professor Negro que dê atenção a tais assuntos do governo é tolerado nesses distritos atrasados. O ensino sobre o governo ou a falta de tal instrução, então, são feitos em conformidade com a política de "manter o Negro em seu lugar".

Da mesma forma, o ensino de história na área Negra teve seu significado político. Foi a partir da Guerra Civil que os opositores da liberdade e da justiça social decidiram elaborar um programa que escravizasse a mente dos Negros na medida em que a liberdade do corpo tivesse de ser concedida. Ficou bem entendido que, se por meio do ensino da história o homem branco pudesse ter mais certeza de sua superioridade e o Negro fosse forçado a sentir que sempre foi um fracasso, e que a sujeição de sua vontade a alguma outra raça é necessária, então, ele continuaria escravizado. Se você consegue controlar o pensamento de um homem, não tem de se preocupar com suas ações. Se você fizer um homem se sentir inferior, ele não terá de ser compelido a aceitar um status inferior, pois certamente o fará por si mesmo. Se você convencer um homem de que ele é um pária, você não terá de mandá-lo para a porta dos fundos. Ele irá sozinho, sem que lhe mandem ir; e, se não houver porta dos fundos, sua própria natureza exigirá uma.

Esse programa, tão popular imediatamente após a Guerra Civil, não era novo, mas, após essa crise, sua execução recebeu um novo estímulo. Histórias escritas em outros lugares, já que a antiga área dos escravizados foi descartada e novos tratamentos da história local e nacional, em conformidade com a propaganda recrudescente, foram produzidos para dar aos brancos e Negros o ponto de vista enviesado do desenvolvimento da nação e das relações das raças. Tratamentos especiais do período de Reconstrução foram produzidos de forma aparentemente científica por propagandistas que foram às primeiras escolas de pós-graduação do Oriente para aprender historiografia moderna cerca de meio século atrás. Tendo o selo da ciência, o pensamento dessas polêmicas foi aceito em todos os lugares de aprendizado. Esses reescritores da história alegaram sem medo que a escravidão era uma instituição benevolente; os senhores amavam os escravizados e os tratavam com humanidade; os abolicionistas se intrometeram com a instituição que, em algum momento, os senhores viriam a modificar; a Guerra Civil provocada por "fanáticos" como William Lloyd Garrison e John Brown foi desnecessária; foi um erro fazer do Negro um cidadão, pois ele simplesmente piorou, incorrendo no descontentamento da classe dos senhores que jamais o tolerará como um igual; e o Negro deve viver neste país em um estado de reconhecida inferioridade.

Algumas dessas teorias podem parecer tolas, mas mesmo historiadores do Norte se renderam a esse ponto de vista. Eles ignoram os trabalhos recentes da senhorita Elizabeth Donnan e da senhora H. T. Catterall e do doutor Frederic Bancroft, que passaram anos investigando a escravidão e o tráfico de pessoas escravizadas. Estas são produções científicas com o selo da melhor bolsa de estudos da América, tratados produzidos a partir de documentos tão genuínos quanto os registros judiciais da própria seção de exploração de escravizados, e esses autores entregaram para o público um material valioso para a remoção do embranquecimento que os pseudo-historiadores têm dado à escravidão e aos escravagistas por mais de um século.

Na preparação dos Negros, muitos dos quais ensinam no Sul, esses historiadores tendenciosos do Norte até os convertem a essa fé. Há alguns anos, ouvi por acaso uma conversa de advogados Negros em uma de nossas cidades do Sul na qual eles admitiram por unanimidade quase todas as contendas apresentadas nesse programa de propaganda. Eles denunciaram, portanto, os reconstrucionistas que advogavam a igualdade e a justiça para todos. Esses Negros tinham o ponto de vista enviesado de historiadores como Claude Bowers e nunca foram direcionados para a história real daquele drama, conforme apresentado por A. A. Taylor,[9] Francis B. Simkins e Robert H. Woodly, da nova escola de pensamento sulista. Esses críticos dos Negros foram especialmente duros com os Negros de nossos dias que se engajam na agitação pela democracia real. Os próprios Negros, em certas partes, juntam-se aos brancos, então, para manter fora das escolas professores que possam ser fortes o suficiente para ensinar a verdade como ela é. Costumam dizer que as raças aqui estão se relacionando de forma amigável, e não queremos que essas relações pacíficas sejam perturbadas pelo ensino de um novo pensamento político.

O que eles querem dizer com respeito à relação pacífica das raças, então, é que os Negros foram aterrorizados a ponto de terem medo até de discutir assuntos políticos publicamente. Não deve haver exposição dos princípios de governo nas escolas, e isso não deve ser feito em público entre os Negros com o objetivo de estimular a atividade política. Negros engajados em outras esferas em tais comunidades finalmente chegam ao ponto de aceitar o silêncio sobre esses assuntos como uma política fixa. Sabendo que a ação contrária significa o governo da turba que pode destruir a paz e a propriedade da comunidade, eles se constituem em uma espécie de comitê vigilante para orientar seus companheiros de acordo.

Há alguns anos, o diretor de uma escola secundária de uma das grandes cidades, de aparência bastante jovem, foi demitido sem cerimônia porque disse jocosamente ao presidente do conselho de educação, em resposta a uma observação sobre sua postura juvenil: "Tenho idade suficiente para votar!".

"Que horror!", disse o oficial enfurecido. "Leve-o para fora. Nós o trouxemos aqui para ensinar esses Negros a trabalhar, e ele está pensando em votar." Alguns Negros proeminentes do lugar resmungaram um pouco, mas não fizeram nada de efetivo para corrigir essa injustiça.

Em certas partes, portanto, os Negros sob tal terrorismo deixaram de pensar em questões políticas como sua esfera. Quando essas coisas entram no ensino em trabalhos mais avançados, são apresentadas como questões de

---

9. Alrutheus Ambush Taylor (1893-1955) foi um historiador afro-americano de Washington, D.C. Ele era um especialista na história dos negros e da segregação, especialmente durante a Era da Reconstrução. Era citado como um "estudioso meticuloso e autoridade na história do negro". (N.E.)

interesse para um elemento particular, em vez de funções nas quais todos os cidadãos podem participar. O resultado é que os Negros crescem sem conhecimento das questões políticas que deveriam dizer respeito a todos os elementos. Para evitar que os Negros aprendam muito sobre essas coisas, os brancos nas escolas às vezes também são negligenciados, mas estes têm a oportunidade de aprender por contato, observação atenta e participação real nos assuntos de governo.

Os Negros de algumas regiões, então, deixaram de votar, mesmo nos setores em que isso poderia ser permitido. Em alguns casos, não chega nem a 2.000 o número de Negros que votam em um estado inteiro. Com uma legislação especial que determina testes de alfabetização e pagamento de impostos, o número de eleitores foi reduzido a uma quantidade desprezível, e os poucos que podem atender à determinação não o fazem, porque muitas vezes são oprimidos quando apresentam o voto de qualidade.

Os testes estabelecidos para a restrição do sufrágio não pretendiam estimular a educação política, mas eliminar o voto Negro por meio de subterfúgios. Solicita-se aos Negros que se apresentam para cadastramento que façam a coisa quase impossível de explanar partes da Constituição que confundiram os tribunais superiores; mas aos brancos são feitas perguntas simples a que quase todo homem analfabeto pode responder. Dessa forma, os Negros, por mais inteligentes que sejam, são rejeitados; e todos os brancos ignorantes podem votar. Essas leis, então, retardaram, em vez de estimular, a educação política de ambas as raças. Tal conhecimento é aparentemente inútil para os Negros e desnecessário para os brancos, pois os Negros não lucram imediatamente por tê-lo e os brancos podem exercer a cidadania sem ele.

O efeito de tal sistema unilateral é decididamente ruim. Isso não é percebido até que se converse com homens e mulheres desses bairros, que por causa da negação desses privilégios perderam o interesse pelos assuntos políticos. Um agente literário que trabalhava na área de *plantation* do Mississípi testou o conhecimento dos Negros a respeito desses assuntos, fazendo-lhes perguntas sobre os governos local e estadual. Ele descobriu que eles não sabiam quase nada nessa esfera. Foi difícil encontrar algum que soubesse quem era o presidente dos Estados Unidos. Encontramo-nos com professores, médicos e ministros religiosos que não conhecem o funcionamento ordinário dos tribunais, as funções do advogado, do júri ou do juiz, a menos que tal conhecimento tenha vindo da amarga experiência imposta por algum tribunal de *injustiça*. Alguns dos Negros "educados" não prestam atenção em assuntos tão importantes como a avaliação da propriedade e a cobrança de impostos, nem se informam sobre como essas coisas são resolvidas. Um Negro influente no Sul, então, é aquele que nada tem a fazer ou dizer sobre política, e que aconselha os outros a seguir o mesmo curso. A eliminação do Negro na área política, portanto, foi extremamente infeliz. Os brancos podem ter lucrado temporariamente com isso, mas demonstraram pouquíssimo cuidado. Como os brancos podem esperar fazer dos Negros melhores cidadãos, levando-os a pensar que não deveriam ter parte no governo deste país, é um mistério. Para manter um homem acima da vagabundagem e do crime, ele precisa, entre outras coisas, do estímulo do patriotismo, mas como pode um homem ser patriota quando o efeito de sua educação é o contrário?

A pouca chance que o Negro tem de aprender com a participação na política na maior parte do Sul está infelizmente restrita agora à corrupção. A agitação usual referente à eleição de delegados para a Convenção Nacional Republicana dos Estados do Sul e o combate costumeiro que os Negros travam contra os corruptos brancos como o lírio estão relacionados a todas as questões políticas que exigem sua atenção no baixo Sul. Nem a facção branca nem a Negra, via de regra, fazem qualquer esforço para recuperar o sufrágio aos Negros. O objetivo é meramente o controle dos delegados e o patrocínio federal para as considerações financeiras envolvidas. Para isso, eles recorrem a numerosos concursos que culminam no fechamento de hotéis e portas aferrolhadas para reuniões secretas. Já que esta é a única atividade da qual os Negros podem participar, eles aprenderam a considerá-la honrosa. Muitos Negros ficam entusiasmados com o concurso e dão muita publicidade a ele na tribuna e na imprensa como um assunto de grande importância. Os métodos desses corruptos de ambas as raças, entretanto, deveriam ser condenados como uma desgraça para o estado e a nação.

Em vez de fazer algo para se livrar dessa laia, no entanto, encontramos os Negros com "educação superior" tentando mergulhar também no lamaçal. Um dos aspectos mais desanimadores da vida do Negro observado nestes tempos foi o da campanha presidencial. Negros proeminentes ligados a três de nossas principais instituições de ensino abandonaram temporariamente seu trabalho para conseguir votos de Negros em prol de um dos candidatos. O objetivo, é claro, era controlar os poucos empregos comuns distribuídos a políticos Negros por seus serviços de campanha. Quando o candidato bem-sucedido foi empossado, entretanto, ele os ignorou cuidadosamente na composição do pessoal da administração e tratou os Negros em geral com desprezo. Quando se pensa no fato de que os Negros que estão sendo usados dessa maneira são supostamente os líderes Negros mais respeitáveis e nossos homens com níveis mais altos de educação, é de se perguntar se o Negro fez algum progresso desde a Emancipação. O único consolo que se pode obter é que eles podem não representar toda a raça.

No Norte, os Negros têm mais chance de adquirir conhecimentos de questões políticas comuns, mas os patrões não acham recomendável esclarecê-los completamente. Em parte, os Negros são empregados em campanhas, mas não devem discutir questões da ordem do dia, como livre-comércio, tarifas de proteção, Tribunal Mundial e Liga das Nações. Esses trabalhadores Negros devem contar ao seu povo como um político em busca de um cargo designou mais mensageiros Negros ou faxineiras para o serviço do que o outro ou como o avô do candidato ficou do lado de Lincoln e Grant durante sua provação e, assim, trouxe a raça para a própria provação. Outra tarefa importante desses Negros assim empregados é também abusar do partido adversário, mostrando o quão hostil ele tem sido ao Negro enquanto o partido altamente favorável estava fazendo tanto pela raça.

A orientação desses chefes tem sido interessante. No início, o homem branco usou o líder Negro oferecendo-lhe uma bebida ocasionalmente. O próximo passo foi dar-lhe dinheiro suficiente para produzir bebidas em nome do candidato branco. Quando beber à custa do candidato se tornou muito comum, os políticos recorreram à distribuição de verbas em pequenas quantidades. Quando isso finalmente se provou insuficiente, no entanto, os políticos tiveram de ir um pouco mais longe e fornecer empregos sob a lei de Jim Crow em certos bastidores, compreendendo que as funções do suposto cargo seriam meramente nominais e que os titulares não teriam contato próximo com brancos. Os Negros se encontram hoje nessa fase.

O aspecto indesejável do caso é que o Negro, apesar das mudanças de um método de abordagem para outro, nunca é trazido para o círculo interno do partido ao qual está filiado. Ele está sempre do lado de fora e é usado como meio para um fim. Para obter a parca consideração que recebe, o Negro deve trabalhar clandestinamente, pela porta dos fundos. Não foi necessário para o homem branco mudar esse procedimento, pois até pouco tempo, em geral, ele achava possível satisfazer a maioria dos Negros com as poucas posições políticas reservadas como "empregos para Negros" e esmagar aqueles que clamavam por mais reconhecimento.

É lamentável, também, que um número tão grande de Negros não saiba mais do que apostar toda a sua fortuna na política. A história não mostra que qualquer raça, especialmente um grupo minoritário, já tenha resolvido um problema importante confiando totalmente em uma coisa, certamente não restringindo sua força política a um único lado por causa de promessas vazias. Há Negros que sabem mais, no entanto, tais pensadores são mantidos em segundo plano pelos críticos da raça para impedir o esclarecimento das massas. Os políticos enganadores são as únicas pessoas por meio das quais os críticos agem com respeito ao Negro, e sempre há um número suficiente de eleitores mentalmente subdesenvolvidos que lhes fornecerá um grande número de seguidores.

Mesmo os poucos Negros que são eleitos para um cargo público são frequentemente desinformados e mostram falta de visão. Eles deram pouca atenção aos grandes problemas da nação; e nos órgãos legislativos para os quais são eleitos eles se restringem, via de regra, a assuntos de especial interesse para os próprios Negros, como linchamento, segregação e privação de direitos, que aprenderam muito com a experiência. Isso indica um retrocesso, pois os Negros que ocuparam cargos no Congresso e nas legislaturas estaduais durante a Reconstrução trabalharam para a promulgação de medidas que interessassem a todos os elementos da população, independentemente da cor. Os historiadores ainda não se esqueceram do que aqueles estadistas Negros fizeram ao defender a educação pública, melhorias internas, arbitragem trabalhista, tarifa e marinha mercante.

X. A PERDA DA VISÃO

A história mostra, então, que como resultado dessas forças incomuns na educação do Negro ele aprende com facilidade a seguir a linha de menor resistência, em vez de lutar contra as probabilidades pelo que a história real tem mostrado ser o caminho certo. Uma mente que permanece na atmosfera presente nunca passa por desenvolvimento suficiente para vivenciar o que é em geral conhecido como pensar. Nenhum Negro imerso no gueto, portanto, terá uma concepção clara do presente estatuto da raça ou previdência suficiente para planejar o futuro; e ele se afasta tanto em direção à transigência que perde a coragem moral. A educação do Negro, então, torna-se um dispositivo perfeito para o controle externo. Aqueles que a promovem de propósito têm todas as razões para se regozijarem, e os próprios Negros exultam ao defender a causa do opressor.

Uma comparação do registro dos porta-vozes da raça hoje com o do século XVIII mostra uma rendição moral. Durante a prolongada luta entre os franceses e ingleses na América, os Negros mantiveram o equilíbrio de poder em vários pontos estratégicos e o usaram em conformidade; hoje o Negro encontra-se sem importância porque foi colocado em um dos lados. O mesmo equilíbrio de poder foi evidente também durante a Revolução Americana, quando os soldados Negros insistiram em servir lado a lado com os outros; hoje muitos Negros estão contentes como subalternos no exército. Naquela época, os Negros pregavam às congregações mistas; hoje encontramos Negros ocupados separando-os. O Negro do século XVIII se ressentia de qualquer coisa relativa a distinções sociais; hoje os Negros estão dizendo que não querem igualdade social. Negros daquela época diziam como o antigo poeta: "Eu sou um homem e nada que se relacione ao homem é questão de indiferença para mim"; hoje, no entanto, o Negro médio diz: "Agora, eu sou um homem Negro, e vocês, brancos, devem resolver esse assunto entre vocês."

Mais tarde, o Negro americano mostrou mais coragem do que mostra hoje com todo o seu pretenso esclarecimento. Quando os Negros livres foram aconselhados, há cem anos, a ir para a África, eles responderam que nunca se separariam da população escravizada deste país, pois eram irmãos pelos "laços de consanguinidade, de sofrimento e de injustiça". Hoje, no entanto, o Negro do Norte torce o nariz para o migrante bruto do Sul que traz para o Norte a questão racial, mas, junto com ela, mais economias e progresso real do que o Negro do Norte sequer sonhou.

Quando, de novo em 1816, Negros livres como Richard Allen, James Forten e Robert Purvis foram tidos como um elemento estrangeiro cujo status social poderia não ser seguro neste país, em vez de permitir que o colono os empurrasse como criminosos para serem deportados para uma costa distante, eles responderam em termos nada duvidosos que este solo na América que os gerou é seu único lar verdadeiro. "Aqui seus pais lutaram, sangraram e morreram por este país e aqui eles pretendiam ficar." Hoje, quando tais coisas surgem, você encontra Negros entrando em cena para ver o salário que podem receber para ajudar na ruína da raça.

Enfatizando ainda mais esse pensamento de resistência alguns anos depois, Nathaniel Paul, um pregador batista de Albany, informou o colono que os Negros livres não permitiriam que seus críticos formulassem um programa para a raça. Você pode dar andamento ao seu plano de deportar este elemento para assegurar a escravidão, ele alertou; mas os Negros livres nunca imigrarão para a África. "Ficaremos aqui e lutaremos até que o monstro imundo seja esmagado. A escravidão deve ir."

"Eu acreditei que isso sempre continuaria", disse ele, "e que ao homem, até o fim dos tempos, seria permitido, com impunidade, usurpar a mesma autoridade indevida sobre seu companheiro, eu desconheceria qualquer lealdade ou obrigação que me sujeitasse a meus companheiros, ou qualquer submissão que eu devesse às leis do meu país! Eu negaria o poder fiscalizador da Providência Divina nos assuntos desta vida; eu ridicularizaria a religião do Salvador do mundo, e trataria como o pior dos homens os ministros do evangelho eterno; eu consideraria minha Bíblia como um livro de fábulas falsas e delusórias, e a entregaria para as chamas; não, eu ainda iria mais longe, eu me confessaria ateu, e negaria a existência de um deus santo."

E esses Negros de um século atrás se mantiveram firmes e lutaram contra o deportador pró-escravidão para uma paralisação, pois, com exceção de alguns pioneiros, os emigrantes para a Libéria eram em grande parte escravizados alforriados com a condição de que eles se estabeleceriam na África. Esses libertos, então, não poderiam ter ideais outros que não os da seção de exploração de escravizados da qual foram enviados. Eles estabeleceram, portanto, uma escravocracia na Libéria. Se a Libéria falhou, então, não é evidência do fracasso do Negro no governo. É meramente uma evidência do fracasso da escravidão.

Os Negros que atacavam o *jimcrownismo* quase um século atrás questionaram sem medo a constitucionalidade de tal disposição. Falando por intermédio de Charles Lenox Remond sobre aquele dia, eles disseram: "Há uma distinção entre direitos sociais e civis. Todos nós reivindicamos o privilégio de selecionar nossa sociedade e nossas associações, mas, nos direitos civis, um homem não tem a prerrogativa de definir direitos para outro. Essas distinções [de raça] reagem com toda a perversidade — para não falar da odiosidade e dos absurdos inventados e sistematizados — sobre aqueles que são antiliberais e mesquinhos o suficiente para praticá-las."

Em nossos dias, entretanto, encontramos alguns Negros com "educação superior" aprovando esse *jimcrowismo*. Por exemplo, não muitos anos atrás, um extraordinário pregador batista envolvido com política na Virgínia Ocidental sugeriu aos brancos que promulgassem uma lei Jim Crow de carros naquele estado, e tínhamos dificuldade em esmagar esse sentimento.

Poucos anos depois, o autor ouviu um de nossos bispos dizer que não devemos nos opor a tal separação, pois queremos estar sozinhos. Quando esse ilustre clérigo morreu, os críticos do Negro o enalteceram aos céus; e os irrefletidos membros da raça, pensando que ele merecia, juntaram-se à forte aclamação.

Desse modo, a grande maioria dos Negros "educados" nos Estados Unidos aceitou a segregação e se tornou seu defensor destemido. Suas mentes cheias mas pouco desenvolvidas não lhes permitem compreender que, embora um opiáceo forneça um alívio temporário, não remove a causa da dor. Nesse caso, cedemos por princípio para satisfazer a multidão, mas ainda não encontramos uma solução definitiva para o problema em questão. Em nossa suposta democracia, estamos acostumados a dar à maioria o que ela quer, em vez de educá-la para entender o que é melhor para ela. Não mostramos ao Negro como superar a segregação, mas o ensinamos a aceitá-la como definitiva e justa.

Numerosos resultados dessa política podem ser citados. O trabalhador branco se recusa a trabalhar com Negros por causa da falsa tradição de que o Negro é inferior, e ao mesmo tempo o Negro, pela mesma razão, se contenta com serviço subalterno e trabalho enfadonho. O político exclui o Negro dos conselhos de seu partido e do governo porque lhe ensinaram que isso é necessário para manter a supremacia de sua raça; o Negro, instruído na mesma escola de pensamento, aceita isso como definitivo e luta pela escassa consideração que os patrões podem lhe conceder a contragosto. Um residente irado de um distrito exclusivo protesta contra uma invasão de Negros porque aprendeu que esses indigentes são portadores de doenças e agentes do crime; os Negros, acreditando que essa é a verdade, permanecem satisfeitos no gueto. O pai irracional força a separação das raças em algumas escolas porque seu filho tem de ocupar uma cadeira ao lado de um aluno de sangue africano "contaminado"; o Negro instruído aceita isso como inevitável e acolhe o expediente para seu povo. Filhos de Negros são excluídos dos *playgrounds* porque afirmam que eles podem contaminar os filhos dos brancos; os Negros, cedendo, estabelecem uma política de fazer com que seus filhos cresçam negligenciados na parte mais indesejável da cidade. O Negro é forçado a andar em um carro Jim Crow para estampar sobre si mais facilmente a marca de sua "inferioridade"; o "Negro educado" aceita isso como estabelecido e abandona a luta contra essa proscrição social.

E assim segue a segregação, que é o desenvolvimento mais abrangente na história do Negro desde a escravização da raça. Na verdade, é uma continuação da escravidão. Isso foi possível pelo nosso sistema de (des)educação de pessoas inocentes que não sabiam o que estava acontecendo. É pouco provável que os homens tenham participado para promovê-lo sem saber o que estavam fazendo.

Há alguns defensores da segregação que são, sem dúvida, sinceros. Embora nominalmente livres, eles nunca foram suficientemente esclarecidos para ver o assunto como escravizados. Podem-se citar casos de Negros que se opuseram à emancipação e denunciaram os abolicionistas. Alguns que se tornaram livres se reescravizaram. Um número ainda maior não fez nenhum esforço para se tornar livre porque eles não queriam se desconectar de seus senhores, e sua espécie ainda se opõe à liberdade plena.

Desde a Guerra Civil, quando os Negros tiveram a primeira chance de participar na gestão de seus assuntos, eles têm sido inconsistentes e comprometedores. Eles tentaram ganhar uma coisa em um dia, insistindo na igualdade para todos, ao mesmo tempo que se esforçam para ganhar outro ponto no dia seguinte pela segregação. Em um momento, os Negros lutam pelo princípio da democracia, e já no momento seguinte eles a permutam por alguma vantagem temporária. Você não pode ter uma coisa e descartá-la ao mesmo tempo.

Por exemplo, os líderes políticos Negros do período de Reconstrução clamavam pelo sufrágio e pelo direito de manter o cargo, servindo na milícia, e sentados no júri; mas poucos deles queriam que crianças brancas e negras frequentassem a mesma escola. Ao se expressar sobre educação, a maioria deles assumiu a posição de segregacionista; e Charles Sumner, em sua luta pelos direitos civis do Negro, teve que eliminar escolas mistas de seu programa não só porque muitos brancos se opuseram, mas também porque os próprios Negros não pareciam querer. Todos esses líderes poderiam não estar procurando emprego naqueles dias; mas como homens livres nominais, que ainda eram escravizados, eles não se sentiam confortáveis na presença de seus antigos senhores.

Esses homens temerosos eram muito parecidos com alguns Negros que foram empregados perto da minha casa na Virgínia por um fazendeiro do Norte que tinha se mudado para o estado após a Guerra Civil. Quando chegou a hora do café da manhã no dia seguinte, ele os chamou para comer na mesa com sua família. Esses escravizados reais, no entanto, imediatamente perderam o apetite. Alguém finalmente chamou o empregador de lado e resolveu o assunto de outra forma. Ele disse: "Agora, chefe, o senhor não tá acostumado com as regras dessas terras. A gente não pode se sentar à mesma mesa que o pessoal branco. A gente usa comer pão e bolo ali fora, quando não tá arando a terra. Simbora!".

O sistema, portanto, estendeu-se de uma coisa para outra até que os Negros hoje se encontram cercados pela barragem da cor quase em todos os lados para onde se viram; e, por si só, os Negros não podem aprender com o exemplo de outros com quem poderiam entrar em contato. No gueto, também, eles não têm permissão para criar e realizar um programa próprio. Essas instituições segregadoras interferem no desenvolvimento da cooperação entre os Negros, pois muitas vezes os Negros não conseguem arrecadar dinheiro para estabelecer instituições que poderiam controlar, mas prontamente contribuem com grandes somas para instituições que segregam pessoas de sangue africano.

Com a participação negada nas ações mais elevadas da vida, o próprio Negro "educado" se junta, também, a pessoas de má formação para prejudicar seu povo por meio da exploração sistematizada. Sentindo que não há esperança para sua causa, o Negro "educado" decide lucrar pessoalmente com todos os seus recursos ao usar essas pessoas como um meio para um fim. Ele abre um sorriso para elas enquanto lhes "extrai o dinheiro", mas seu coração não mostra nenhum apego a sua causa desprezada. Com um rendimento um pouco maior do que elas recebem, ele pode se colocar em um pouco mais de conforto no gueto; e ele se esquece daqueles que não têm como escapar.

Algumas dessas classes "educadas" se unem a homens do setor imobiliário sem princípios no intuito de manter os Negros fora de partes desejáveis da cidade e de confiná-los a áreas insalubres. Tais pessoas ajudam o explorador a extorquir dos Negros, assim, encurralados, um aluguel maior do que o exigido dos brancos para o mesmo imóvel. De maneira semelhante, um ministro

Negro às vezes vai para uma comunidade onde as raças estão caminhando amigavelmente juntas em suas igrejas e aluga um barraco ou uma velha loja vazia para criar uma igreja separada para "nosso povo", não para suprir qualquer necessidade prática, mas para explorar aqueles que nunca aprenderam a pensar. Alguns profissionais, da mesma forma, seguindo suas pegadas, se impõem também aos pobres Negros inocentes que não sabem quando estão sendo tratados de forma adequada ou não; podem-se obter altos honorários deles, visto que nem sempre conseguem buscar serviços com outros.

Estabelecendo-se em uma comunidade com escolas mistas, o Negro educado frequentemente defende sua separação para que sua filha possa garantir uma posição no sistema. O político Negro está acostumado a encurralar o voto Negro, abrindo um escritório separado de onde possa negociar com os chefes da máquina pelo preço mais alto disponível. Quando pago por alguma posição que não seja muito elevada, esse titular aceita tal emprego sabendo que será destacado como se fosse nocivo para o resto da humanidade.

Na crise atual, entretanto, os Negros com "educação superior" encontram pouquíssimas áreas para explorar e, em sua condição desfavorável, não têm nenhum projeto para encontrar uma saída. Eles veem numerosos casos de Negros perdendo empregos em estabelecimentos de brancos. Na verdade, essas coisas ocorrem diariamente. Os zeladores que têm trabalhado satisfatoriamente, de repente, são informados de que não serão mais necessários. Garçons Negros de hotéis estão sendo informados de que seus empregos irão para trabalhadores brancos. Caminhoneiros Negros são obrigados a renunciar aos seus lugares e deixar que os ocupem os necessitados de outra raça. Ouvimos tanto a esse respeito que nos perguntamos no que isso vai dar.

Nesse reajuste, é claro, quando sobram menos possibilidades para aqueles que não podem ou não têm oportunidade de operar máquinas, os Negros são naturalmente descartados de suas posições pelos patrões, que pensam primeiro na própria raça. Na fase final da Depressão, entretanto, os Negros não estarão muito melhor quando alguns dos brancos que agora os substituem atingirem níveis mais altos. Na ordem econômica do futuro, haverá pouco uso para o factótum ou o copeiro. O homem não precisará dessa atenção pessoal quando puder comprar uma máquina para atendê-lo com mais eficiência. Os Negros servis, o agregado de parasitas que o Negro com "educação superior" explorou, não serão necessários amanhã. O que será, então, de "nossos Negros com educação superior" que não têm iniciativa?

Apelamos ao décimo talentoso por um remédio, mas eles não têm nada a oferecer. Suas mentes nunca funcionaram nesta esfera tão importante. O

Negro "educado" não demonstra nenhuma evidência de visão. Ele deve ver um novo quadro. Os Negros enfrentam a alternativa de ascender na esfera da produção para suprir sua proporção de industriais e comerciantes ou de descer às covas dos indigentes. O Negro agora deve fazer por si mesmo, ou morrerá enquanto o mundo passa por um reajuste. Se os brancos continuarem por algum tempo no trabalho penoso com exclusão dos Negros, estes deverão encontrar outra saída. Nada força isso de forma mais dramática do que quando ele descobre que mulheres brancas em Montgomery, Alabama, estão vindo para a porta dos fundos das casas de Negros pedindo roupa para lavar. Se os brancos chegaram a esse extremo, e devem ser atendidos primeiro, o que sobrará para os Negros?

Neste momento, então, os Negros devem começar a fazer exatamente aquilo que lhes foi ensinado que não podem fazer. Eles ainda têm algum dinheiro e necessidades as quais precisam suprir. Eles devem começar imediatamente a reunir seus ganhos e organizar as indústrias para participar do suprimento das demandas sociais e econômicas. Se os Negros permanecerem para sempre afastados da atmosfera produtiva, e a discriminação atual continuar, não haverá mais nada para eles fazerem.

Não há razão para que falte confiança por causa do recente fracasso das empresas Negras, embora os Negros de "educação superior" afirmem o contrário. Essa falta da confiança é a causa da falha dessas empresas. Se os Negros tivessem manifestado confiança suficiente nelas e as tivessem apoiado adequadamente, elas teriam sido fortes o suficiente para resistir ao teste da crise. Os bancos Negros, via de regra, faliram porque as pessoas, ensinadas que seus próprios pioneiros nos negócios não podem atuar nesse meio, sacaram seus depósitos. Um indivíduo não pode viver depois que você extrai o sangue de suas veias. O banco mais forte dos Estados Unidos durará apenas enquanto as pessoas tiverem confiança suficiente nele para manter seu dinheiro lá. Na verdade, a confiança das pessoas vale mais do que dinheiro.

A falta de confiança do Negro em si mesmo e em suas possibilidades é o que o impediu de crescer. Sua (des)educação foi uma contribuição perfeita para isso. No entanto, não é necessário que o Negro tenha mais confiança em seus próprios trabalhadores do que nos outros. Se o Negro fosse tão justo com os seus como tem sido com os outros, isso seria o suficiente para lhe dar um novo sopro de vida e iniciar a tendência ascendente.

Descobrimos que o Negro fracassou em se recuperar do hábito escravizado de repreender os seus e adorar os outros como seres perfeitos. Nenhum progresso foi feito a esse respeito porque quanto mais "educação" o Negro recebe, pior ele fica. Ele acabou tendo muito mais tempo para aprender a criticar e desprezar a si mesmo. A raça que busca nessa classe instruída uma solução para seus problemas não encontra remédio algum; e, ao contrário, vê-se cada vez mais longe daquelas coisas a que aspirou. Esquecendo a sala de aula por enquanto e contando com um despertar das massas por meio da educação de adultos, podemos fazer muito para dar ao Negro um novo ponto de vista com respeito à empresa econômica e à cooperação de grupo. O Negro médio não foi suficientemente (des)educado para perder a esperança.

Nossas mentes devem se tornar suficientemente desenvolvidas para usar a segregação para matar a segregação, e assim levar a efeito aquela antiga e ainda moderna profecia: "A cólera do homem redundará em teu louvor". Se o Negro do gueto tiver de ser eternamente alimentado pela mão que o empurra para o gueto, ele nunca se tornará forte o suficiente para sair do gueto. Essa hipótese de liderança Negra no gueto, então, não deve ser confinada a questões de religião, educação e elevação social; deve lidar com as forças fundamentais da vida para tornar essas questões possíveis. Se a área do Negro, entretanto, continuar como um distrito cujo sustento vem inteiramente de fora, os ineptos moradores dela merecerão e receberão apenas o menosprezo daqueles que podem ocasionalmente ter um vislumbre deles em sua situação.

Como disse Frederick Douglass em 1852, "Será inútil falarmos em sermos homens se não fizermos o trabalho de homens. Devemos nos tornar valiosos para a sociedade em outros setores da indústria que não aqueles servis dos quais estamos sendo rapidamente excluídos. Devemos mostrar que podemos fazer tão bem quanto eles. Quando pudermos construir bem como viver em casas; quando pudermos produzir bem como usar calçados; quando pudermos cultivar bem como consumir trigo, milho e centeio, então nos tornaremos valiosos para a sociedade.".

"A sociedade", continuou Douglass, "é uma questão de coração duro. Dela, o desamparado não pode esperar dignidade superior à dos indigentes. O indivíduo deve submeter a sociedade a ele ou a sociedade o honrará apenas como um estranho peregrino."

XI. A NECESSIDADE DE SERVIÇO MAIS DO QUE DE LIDERANÇA

Nesta situação desagradável, o Negro se encontra no final da terceira geração da Emancipação. Ele foi educado no sentido de que as pessoas dirigidas de uma determinada maneira são mais facilmente controladas, ou, como Ovídio observou, "Com o tempo, o touro é levado para carregar o jugo". O Negro neste estado continua como uma criança. Ele se restringe às pequenas coisas ao seu redor, e com elas fica satisfeito. Sua ambição não se eleva mais do que mergulhar na competição com seus companheiros por essas ninharias. Ao mesmo tempo, aqueles que deram à raça esses falsos ideais estão ocupados nas esferas superiores das quais os Negros, por sua (des)educação e orientação racial, foram expulsos.

Exemplos desse fracasso do Negro (des)educado em ter ideais elevados podem ser citados. Conheci inúmeros casos de advogados, médicos e homens de negócios Negros que, enquanto frequentavam escolas dominicais, igrejas e lojas locais, se desentenderam por causa de frivolidades como uma decisão ou a presidência de um comitê, que os amarguraram a ponto de se transformarem em inimigos para toda a vida e em obstáculos que impedem qualquer coisa como organização ou cooperação comunitária.

É comum ver um Negro bem colocado como ministro ou professor aspirar a uma nomeação política que temporariamente paga pouco mais do que o que ele recebe e não oferece nenhuma distinção exceto a de ser designado como um trabalho Jim Crow reservado para alguns Negros que serviram bem aos propósitos dos patrões como vigia de campanha. Negros que começaram negócios promissores às vezes os abandonam temporariamente pelo mesmo tipo de honra vazia. Desse modo, eles são conhecidos por atrapalhar seus negócios, incorrendo no desagrado de políticos ambiciosos que, de outra forma, poderiam tratá-los com condescendência.

Desse ponto de vista, os Negros desenvolveram-se naquela parte do país onde se pensa que as pessoas mais ilustres da comunidade são aquelas que ocupam e exploram os cargos locais ou aqueles que são homenageados com cargos no estado e na nação. Embora isso possa se aplicar no caso de seus opressores, as poucas posições atribuídas aos Negros são ampliadas além de todos os limites razoáveis. Isso vem como um resultado natural, entretanto, pois a "educação" do Negro assim o exige. O Negro ambicioso (des)educado na luta pelas pequenas coisas distribuídas por outros impede qualquer realização do povo em questões mais construtivas. Potencialmente, as pessoas negras são fortes, embora na verdade sejam fracas.

Tudo isso é muito-barulho-por-nada que impossibilita cooperação, a coisa mais essencial para o desenvolvimento de um povo. Os ambiciosos desta classe fazem mais para manter a raça em um estado de turbulência e impedi-la de esforços sérios da comunidade do que todos os outros elementos combinados. Um tem o trabalho que o outro deseja; ou um é o líder de uma facção de sucesso e o outro está lutando para suplantá-lo. Tudo na comunidade, então, deve ceder terreno a essa competição pueril.

Em uma cidade com alguns milhares de Negros, não há chance para cooperação da comunidade por causa do antagonismo dos pregadores metodistas e batistas responsáveis pelas duas maiores igrejas. Um está determinado a ditar a nomeação do corpo docente e dos assistentes sociais; o outro luta persistentemente para desfazer tudo o que seu oponente realizou. Um está em alta hoje e o outro em ascendência amanhã. Vários esforços foram feitos para iniciar empresas de negócios por lá, mas nenhum teve sucesso porque uma facção destrói o que a outra acumula.

Em outra cidade, a clivagem segue linhas políticas. Há pregadores lá, mas um advogado e um dentista mergulhados na política destituíram o clero do palco. O líder de uma facção é tão amargamente oposto ao outro que ele até adverte estranhos sobre ir para a casa de seu adversário. Apresentar uma proposta sensata à comunidade por meio de um desses líderes significa guerra local, em vez de um esforço para trabalhar unido para o bem comum. Consequentemente, embora haja milhares de Negros vivendo juntos em um bairro, eles não têm negócios de valor. A luta egoísta pelo engrandecimento pessoal, que ainda não levou a nenhuma das facções mais do que uma nomeação na força policial ou numa secretaria em um dos escritórios da cidade, bloqueia, assim, o progresso social e econômico de milhares de pessoas inocentes.

Em outro estado, a ambição do Negro com educação superior se restringe a se tornar diretor de uma escola de ensino médio. A escola estadual negligenciada não se desenvolveu o suficiente para se tornar atraente. A área de guerra, então, está nas cidades. Em uma delas, onde vários Negros possuem consideráveis riquezas que, se combinadas e usadas adequadamente, produziriam resultados maravilhosos, as pequenas brigas foram mais desastrosas. Pouca atenção é dada à elevação social, e o esforço econômico é esmagado por disputas faccionais. Não fazia nem uma hora que eu estava em uma dessas cidades quando um dos grandes de uma facção veio me perguntar se eu gostaria de me candidatar à posição de diretor do colégio. Poucos minutos depois, outro se aproximou pedindo conselhos sobre como "tirá-lo de lá".

O alto custo dessa infantilidade para a comunidade só pode ser estimado levando-se em consideração o fato de que essa luta é infinita. Se fosse um assunto que se desenvolvesse uma vez ou outra apenas para ser esquecido pelas pessoas, direcionando, em seguida, sua atenção para coisas mais importantes, não faria muito mal; mas essa confusão continua por anos. Às vezes, toma uma comunidade por toda uma geração, viciando a vida inteira das pessoas.

Apesar das recompensas escassas, no entanto, a ideia de liderança paira no alto da mente do Negro. Isso sempre se desenvolve assim entre as pessoas oprimidas. O opressor deve ter alguma relação com o grupo desprezado, e, em vez de ter contato com os indivíduos, ele se aproxima das massas por intermédio de seu porta-voz. O próprio termo conota uma condição retrógrada. Em seus avanços, uma raça afasta seus líderes porque eles derivam de outro grupo. Eles constituem uma carga que afunda os oprimidos na lama das provações e tribulações.

A liderança geralmente se sobrepõe com o propósito de "direcionar por linhas sãs o curso do grupo condenado ao ostracismo". Isso foi conseguido durante os dias da escravidão, restringindo-se a assembleia de Negros a determinados horários e lugares e obrigando-os a se reunir na presença de um número estipulado dos "homens mais sábios e discretos da comunidade". Esses supervisores da conduta dos Negros os impediriam de aprender a verdade que poderia torná-los "indisciplinados" ou ambiciosos de se tornarem livres.

Depois que os Negros se tornaram livres, o mesmo fim foi alcançado empregando um Negro ou algum homem branco para espionar e relatar a portas fechadas um plano para escravizar as mentes dos Negros. No caso de o emprego real como espião parecer muito ousado, a pessoa a ser usada como tal instrumento dedicava-se a algum tipo de empreendimento que os opressores da raça calorosamente apoiavam para dar-lhe a desejada influência na comunidade. Este "escroque racial" pode ser um político, ministro, professor, diretor de um centro comunitário ou chefe de uma "agência de elevação social". Desde que ele fizesse certas coisas e expressasse a opinião popular sobre determinadas questões, ele não sentiria falta de nada, e aqueles que o seguiam acharam seu caminho aparentemente mais promissor com o passar dos anos. Sua liderança, então, foi reconhecida, e a ruína final dos Negros na comunidade foi assegurada.

Essa liderança, também, continuou até os nossos dias e vai de mal a pior. O próprio serviço que esse bajulador racial presta o endurece na medida em que ele perde a alma. Ele se torna igual a qualquer tarefa que o opressor possa lhe impor e, ao mesmo tempo, torna-se astuto o suficiente para forçar seu caso de modo convincente diante da multidão descuidada. O que é certo é sacrificado porque tudo o que é certo não é conveniente; e o que é conveniente logo se torna desnecessário.

Recentemente, um cidadão, observando como fomos traídos, sugeriu que fosse convocada uma reunião nacional para tomar medidas para um programa de desenvolvimento da raça a partir de "uma nova liderança". Tal movimento pode ser feito com algum intuito, e então pode degenerar-se em uma assembleia de abuso e vituperação seguida pelo "assim-sendo-resolva-se", que nunca significou nada no despertar e no desenvolvimento de um povo oprimido.

Os Negros, no entanto, não avançarão muito se continuarem a desperdiçar sua energia injuriando aqueles que os desorientam e os exploram. Os exploradores da raça não são tão culpados como a raça em si. Se os Negros persistirem se deixando tratar dessa forma, sempre encontrarão alguém à mão que se imponha a eles. A questão é aquela que repousa em grande parte com os próprios Negros. A raça se libertará dos exploradores assim que decidir fazê-lo. Ninguém mais pode realizar essa tarefa para a raça. Ela deve planejar e fazer por si mesma.

Verificando o que fazem, os Negros muitas vezes se veem dando dinheiro e apoio moral a várias pessoas e instituições que influenciam o curso da corrida de forma errada. Eles não se perguntam muitas vezes se esse apoio será revertido no longo prazo para o bem das pessoas com quem se identificam. Eles não perguntam se a assistência dada oferece alívio temporário, pois, afinal, resulta em perda irreparável. Muitos Negros, às vezes, fazem mal a si mesmos quando realmente acreditam que estão fazendo o bem. Com os professores atuais eles não podem aprender com facilidade a fazer melhor, pois a instrução tal como a recebemos não abre nossos olhos o suficiente para que possamos ver muito à nossa frente.

Se o Negro pudesse abandonar a ideia de liderança e, em vez disso, estimular mais pessoas da raça a assumir tarefas definidas e sacrificar seu tempo e sua energia em fazer essas coisas de forma eficiente, a raça poderia realizar algo. A raça precisa de trabalhadores, não de líderes. Esses trabalhadores resolvem os problemas sobre os quais os líderes raciais falam e arrecadam dinheiro para, assim, falarem cada vez mais a respeito. Quando você ouvir um homem falando, então, sempre pergunte o que ele está fazendo ou o que ele fez pela humanidade. Oratória e opiniões não valem muito. Se valessem, a raça negra estaria em um paraíso na Terra. Pode ser bom repetir aqui o ditado que afirma que os velhos falam do que fizeram, os jovens, do que estão fazendo, e os tolos, do que esperam fazer. A raça negra tem uma grande parte da última classe mencionada.

    Se finalmente conseguirmos transformar o conceito de liderança no conceito de serviço, em breve, poderemos achar possível elevar o Negro a um nível mais alto. Sob liderança, entramos no gueto; por meio do serviço, dentro das classes, podemos trabalhar à nossa maneira para sair dele. Sob liderança, fomos induzidos a fazer as licitações dos outros; por meio do serviço, podemos elaborar um programa à luz de nossas próprias circunstâncias. Sob liderança, fomos atingidos pela pobreza; pelo serviço, podemos ensinar as massas a ganhar a vida honestamente. Sob liderança, fizeram-nos desprezar nossas possibilidades e, assim, nos transformamos em parasitas; por meio do serviço, podemos provar-nos suficientes para a tarefa de autodesenvolvimento e contribuir com a nossa parte para a cultura moderna.

XII. CONTRATADOS NOS LUGARES DOS SERVIDORES PÚBLICOS

Se os Negros com educação superior não aprenderam melhor as lições simples da vida, não se pode esperar que as classes trabalhadoras se comportem de maneira diferente. Em muitos casos, os empregadores de Negros em trabalhos comuns, aos quais a maioria deles se dedica agora, asseveram que não há esperança de avanço para os Negros no emprego porque os Negros não trabalharão subordinados a encarregados de sua própria cor. Em outras palavras, o Negro médio ainda não se desenvolveu a ponto de aceitar receber ordens de outro de sua própria raça.

Embora seja verdade que tal resposta muitas vezes seja dada como uma mera desculpa para não colocar os Negros em posições de responsabilidade quando isso pode ser feito sem nenhum problema particular, a investigação entre os próprios Negros revela que há mais verdades do que mentiras nessa afirmação. Centenas de funcionários de sangue africano dizem francamente que não trabalharão sob o comando de um Negro. Há o medo de que o outro prospere mais e seja reconhecido como tal.

Alguns desses casos são interessantes. Um chefe de um dos departamentos de governo no qual mulheres Negras são empregadas para fazer trabalho não especializado relata que colocou à frente do grupo dessas trabalhadoras uma mulher Negra inteligente que parecia ter todas as qualificações necessárias que ele havia encontrado em outras mulheres nesse tipo de emprego. Aqueles que estavam abaixo dela, no entanto, recusaram-se a obedecer suas instruções, mantiveram o clima do local turbulento e logo destruíram sua autoridade. Assim que ele colocou uma mulher branca no cargo, entretanto, a ordem foi restabelecida no local e tudo transcorreu tranquilamente.

Outro empregador que administrava um negócio de atacado colocou um Negro como encarregado de outros da mesma raça para supervisionar um dos departamentos importantes do estabelecimento. Os Negros que ocupavam posições inferiores, e antes recebiam ordens do encarregado branco sem questionar, logo passaram a tomar liberdades com o Negro promovido e a ignorar suas ordens. Sabendo que o encarregado Negro era bem qualificado, entretanto, e estando pessoalmente interessado nele, o empregador, em vez de fazer o que tantos outros em tais circunstâncias haviam feito, despediu aqueles que se recusaram a cooperar e supriu as vagas com outros até que uma força de trabalho eficiente, assim, pudesse ser obtida. Apenas alguns empregadores, no entanto, tiveram tanta paciência e manifestaram tal interesse no avanço do Negro. Via de regra, eles simplesmente dispensam encarregados Negros com a desculpa de que um Negro não aceita ordens de outro.

Essa recusa dos Negros em receber ordens uns dos outros se deve em grande parte ao fato de que os senhores ensinavam aos escravizados que eram tão bons ou melhores do que quaisquer outros e, portanto, não deveriam se subordinar a nenhum membro de sua raça. Se viessem a se subordinar a alguém, deveria ser ao homem branco, de cultura e posição social superiores. Isso mantém toda a raça em um nível inferior, restrita à atmosfera de frivolidades que não preocupam seus críticos. Eles não têm como realizar, então, as grandes coisas da vida, que só podem ser alcançadas por uma liderança sábia.

Os fortes sempre usaram isso como um meio de lidar com as chamadas raças mais fracas do mundo. O caucasiano coloca um contra o outro para que eles nunca possam combinar suas forças e, assim, privar seus supostos superiores do controle sobre eles, o que eles poderiam facilmente fazer, se organizados. Um homem branco foi capaz de se manter em uma fazenda onde havia trinta ou quarenta escravizados porque os Negros foram (des)educados de forma a manterem-se divididos em facções distintas. Nas contendas mesquinhas, a força deles se perdia no processo de desgaste. Hoje encontramos a mesma coisa na África, onde se alcança esse fim jogando um grupo contra outro; e funcionou da mesma forma na Índia até recentemente, quando começou a ruir sob a liderança magistral de Mahatma Gandhi.

Os Negros dos Estados Unidos têm seguido a liderança de maneira servil, mas, às vezes, infelizmente, os líderes são selecionados pelos críticos da raça. Os inimigos da raça, por exemplo, encontrarão um Negro disposto a fazer certas coisas que desejam concretizar e vão financiá-lo e dar-lhe publicidade suficiente para se expor ao mundo, pois os poucos favores que ele pode dispensar entre seus seguidores, como o resultado de sua influência e posição econômica, trarão a ele o número adequado de Negros para o eleitorado que almeja.

Contudo, às vezes, os Negros escolhem os próprios líderes, mas infelizmente eles são, muitas vezes, do tipo errado. Os Negros não seguem prontamente pessoas com programas construtivos. Quase qualquer tipo de apelo emocional ou assunto trivial apresentado a eles pode receber atenção imediata e, pelo menos, por algum tempo, apoio liberal. Quando a bolha estourar, é claro, esses mesmos seguidores começarão a criticar a liderança Negra e chamar esses deturpadores do grupo de patifes e canalhas. Visto que eles fracassaram em exercer a previdência, entretanto, aqueles que os enganaram não devem ser culpados tanto quanto aqueles que apoiaram liberalmente esses impostores. No entanto, o fracasso aqui não é inerente ao Negro, mas ao que lhe foi ensinado.

O ponto de vista dos Negros, portanto, deve ser mudado antes que eles possam construir um programa que os trará para fora do inóspito. Por exemplo, não se pode esperar nada de bom de uma de nossas professoras que disse que teve de desistir de sua aula na escola dominical para aceitar um trabalho extra de garçonete naquele horário porque ela havia comprado um casaco de 2.400 dólares e seu marido tinha adquirido um carro caro. Essa professora não tem uma mensagem para a criança Negra. O exemplo dela tenderia a arrastar os jovens para baixo, e a simples ideia de ter uma pessoa assim na sala de aula é muito deprimente.

Devemos nos sentir igualmente desencorajados quando vemos um ministro dirigindo-se a sua igreja na manhã de domingo em um Cadillac. Ele não vem para alimentar espiritualmente a multidão. Ele vem para tosquiar o rebanho. O apelo que ele faz geralmente é emocional. Enquanto as pessoas estiverem sentindo-se felizes, a máquina cara estará garantida e as férias prolongadas para usá-la serão facilmente financiadas. Assim, os imprudentes retrocedem em direção à escravidão.

Quando você vê um médico dirigir até a porta de alguém em seu Pierce Arrow, não consegue ter a impressão de que ele veio tratar a queixa do paciente. Ele veio tratá-lo por um dólar. Tais médicos, via de regra, conhecem cada vez menos medicina com o passar dos anos, embora ganhem muito dinheiro aprendendo psicologia humana e usando-a para lucros pessoais. Com sanguessugas desse tipo alimentando-se de um povo empobrecido sem lhes dar nada em troca, não pode haver esperança de progresso.

Nenhum povo pode ir adiante quando a maioria dos que deveriam saber mais escolheu retroceder, mas isso é exatamente o que a maior parte dos nossos enganadores faz. Sem ter conhecido a história e o contexto da raça, eles concluem que não há esperança para as massas e decidem, então, que o melhor a fazer é explorar essas pessoas ao máximo e usar as acumulações de forma egoísta. Essas pessoas não têm visão; portanto, perecem por suas próprias mãos.

É uma injustiça para o Negro, entretanto, (des)educá-lo e permitir que suas maneiras sejam corrompidas desde a infância até a velhice e então culpá-lo por cometer os erros que tal orientação requer. "Pessoas que foram restringidas e tolhidas naturalmente condescendem com os níveis mais baixos de delinquência. Quando a educação é totalmente negligenciada ou administrada de maneira imprópria, vemos as piores paixões governando com domínio incontrolado e incessante. O bom senso degenera em astúcia, a raiva se transforma em malignidade, a contenção que é considerada mais solitária chega tarde demais e as admoestações judiciais são feitas em vão."

Os filósofos há muito admitem, no entanto, que todo homem tem duas formações, "(...) a que lhe é dada e a outra a que ele dá a si mesmo. Dos dois tipos, o segundo é de longe o mais desejável. Na verdade, tudo o que há de mais digno no homem ele deve resolver e conquistar por si mesmo. É isso que constitui nosso verdadeiro e melhor alimento. Apenas o que nos é ensinado raramente nutre o intelecto como aquilo que ensinamos a nós mesmos.".

O mesmo princípio eterno se aplica a uma raça forçada a viver apartada das outras como um grupo separado e distinto. Na medida em que a educação do Negro veio de fora, podemos ver de forma clara que ou ele recebeu apenas uma parte do desenvolvimento que deveria ter experimentado ou desenvolveu-se de forma negativa. O Negro carece de força mental, que não pode ser adquirida de cérebros mal alimentados.

Isso naturalmente levanta uma questão séria. As pessoas de fora, que dirigem a raça de longe, tomarão essa situação como prova de que o Negro não está preparado para a liderança. O que eles deveriam dizer é que não prepararam o Negro para assumir a responsabilidade de sua própria elevação. Em vez de fazer isso, no entanto, eles usam esse resultado do próprio fracasso como um argumento para impor à raça negra a orientação alheia externa.

A questão sobre um homem branco dever ou não ser um líder dos Negros pode ser repudiada como tola. O que a cor tem a ver com isso? Esse trabalhador pode ser branco, marrom, amarelo ou vermelho se estiver de corpo e alma com as pessoas a quem serviria. Acontece, porém, que a maioria dos homens brancos que agora controlam as instituições Negras não é desse tipo requisitado. Praticamente todos aqueles com quem conversei e me comuniquei acreditam em impor algum tipo de desvantagem aos Negros. Alguns se opõem à liberdade do casamento inter-racial como substituto do concubinato, zombam da ideia da emancipação dos Negros, aprovam sua segregação e justificam a exploração econômica da raça. Agora, se essas são as pessoas para elevar os Negros, até que ponto eles esperam levantá-los, e o que os Negros serão quando chegarem lá?

Com esse mesmo pensamento em mente, um diretor branco numa escola de Negros, pouco tempo atrás, me disse: "Percebo que não tenho nenhuma função útil em meu cargo atual como administrador de uma instituição Negra. Não aprovo suas aspirações para muitas coisas. Não posso aceitar os alunos na minha casa como aceitaria os alunos brancos, porque isso poderia levar a um romance inter-racial. Casar é um problema tão difícil, na melhor das hipóteses, que eu não gostaria de ver um dos meus filhos fracassar na vida casando-se com alguém da raça negra.".

"Em outras palavras", continuou ele, "vivemos em dois mundos diferentes. Enquanto estou entre eles, não posso fazer parte deles. Como posso ajudá-los nessas circunstâncias?" Conheço outro educador branco à frente de uma instituição Negra que não se dirige a uma menina negra como senhorita e, para evitar o uso de um título ao falar com mulheres da raça, ele usa um tratamento como se elas fossem suas parentes. Uma delas foi ousada o suficiente para responder assim quando ele a abordou como "tia": "Oh, estou tão contente por finalmente ter encontrado meus parentes perdidos. Minha mãe sempre me disse que eu tinha alguns parentes distintos, e só de pensar que você é meu sobrinho me deixa contente.". Outro explorador desses, encarregado de um colégio Negro, nunca usa chapéu no *campus*. Sua explicação confidencial é que ele talvez tenha que levantá-lo quando encontrar uma mulher Negra. Claro, isso nunca daria certo. A "supremacia branca" estaria perdida na escola Negra.

À medida que percebemos cada vez mais que a educação não é apenas transmitir informações das quais se espera que produzam certos resultados, vemos de forma muito clara a inconsistência da posição dos brancos como executivos de instituições Negras. Essas pessoas fora de lugar pertencem ao mesmo grupo que está trabalhando na segregação do Negro e vêm para essas instituições principalmente para ganhar a vida. Elas não fazem nenhuma contribuição particular para o desenvolvimento da educação, pois não são eruditas o suficiente para influenciar a teoria educacional e estão tão longe de ter alguma compaixão para com o Negro que não conseguem dar nenhuma contribuição para a prática educacional. Esses "estrangeiros" não estão trazendo para tais instituições grandes somas de dinheiro que os Negros não podem obter, pois as instituições agora dirigidas por Negros estão recebendo apropriações maiores do que aquelas sob a administração de brancos.

Nossos chamados pensadores, entretanto, raramente veem os resultados inevitáveis dessa política doentia. Não faz muito tempo, quando escrevi o livro *O negro em nossa história*, fui adversamente criticado por um Negro que disse que o livro deveria ter como ilustração a gravura do homem branco que fundou um determinado colégio Negro. Tive de explicar que o livro servia para prestar contas do que o Negro fez, não do que foi feito por ele.

A escola mencionada, além disso, não era de forma alguma uma escola Negra. Tinha pouquíssimos professores Negros e apenas um curador Negro. Toda a política da escola foi determinada por outros, sem dar crédito ao Negro por ter um pensamento sobre a educação. Em outras palavras, era apenas uma escola que os Negros podiam frequentar. Se eles pegaram aqui e ali algo que os ajude, muito bem; se não, que Deus os ajude!

Tudo bem ter um homem branco como chefe de uma faculdade Negra ou ter um homem indígena como chefe de uma amarela se em cada caso o titular retirou seus documentos de naturalização e se identificou como parte do grupo ao qual ele está tentando servir. Parece que os educadores brancos de hoje não estão dispostos a fazer isso, e por essa razão eles nunca podem contribuir para o desenvolvimento real do Negro internamente. Você não pode servir às pessoas dando-lhes ordens sobre o que fazer. O verdadeiro servo do povo deve viver entre elas, pensar junto delas, sentir por elas e morrer por elas.

O trabalhador branco nas instituições Negras, também, nunca pode ser bem-sucedido sem manifestar alguma fé nas pessoas a quem lançou sua sorte. Seus esforços não devem ser apenas uma tentativa de estimular a imitação de coisas em uma esfera estrangeira. Ele deve estudar sua comunidade o suficiente para descobrir as forças que tendem a ir na direção certa para que ele possa estimular tais forças e, assim, ajudar a comunidade a fazer melhor as coisas boas que for capaz de fazer e ao mesmo tempo estar interessada em fazer. Se essas pessoas devem receber as ideias de "estrangeiros" e ser miraculosamente transformadas antes que qualquer coisa possa ser feita com elas, tal esforço será uma tarefa infrutífera, como a maioria das supostas educação e elevação dos Negros na América.

O Negro, apesar do confinamento no gueto, tem algumas oportunidades de desenvolver suas capacidades especiais se estas forem devidamente estudadas e compreendidas. O verdadeiro servidor do povo, então, dará mais atenção àqueles a serem servidos do que ao uso que alguém possa querer fazer deles. Ele estará mais preocupado com o que pode fazer para aumentar a comodidade, o conforto e a felicidade do Negro do que em saber como o

Negro pode ser usado para contribuir para o bem-estar, o conforto e a felicidade dos outros.

O servidor do povo, ao contrário do líder, não surge em cima de um cavalo, acima das pessoas, tentando levá-las a algum ponto designado para o qual gostaria de ir em benefício próprio. O servidor do povo está entre elas, vivendo como elas vivem, fazendo o que elas fazem e desfrutando do que elas desfrutam. Ele pode ser um pouco mais bem informado do que alguns outros membros do grupo; pode ser que ele tenha alguma experiência que eles não tiveram, mas, apesar dessa vantagem, ele deveria ter mais humildade do que aqueles a quem serve, pois já é dito que "quem desejar ser importante entre vós, será esse o que deve servir aos demais".

XIII. ENTENDA O NEGRO

"Não oferecemos aqui nenhum curso de história do Negro, literatura Negra ou relações raciais", disse, há pouco tempo, um professor de uma faculdade Negra. "Estudamos o Negro junto com outras pessoas."

"Excelente ideia", respondeu o entrevistador. "Ninguém deveria esperar que se faça mais do que isso, mas como você faz se o Negro não é mencionado em seus livros, exceto para ser condenado? Você, professor de uma escola para Negros, também condena a raça da mesma maneira que os escritores de seus livros de história e literatura?"

"Não", disse ele, "citamos o Negro aqui e ali."

"Qual a conotação de 'aqui e ali'?"

"Bem, sabe...", disse ele, "os Negros não fizeram muito; e o que eles realizaram pode ser coberto por meio de relatos breves das realizações de poucos homens e mulheres."

"Por que você enfatiza o estudo especial do Negro?" complementou. "Por que é preciso dar atenção especial à raça na imprensa, na tribuna ou na sala de aula? Essa ideia de projetar o Negro para o primeiro plano causa muito dano à raça com a cantilena de 'ais' e problemas, e, assim, aliena o público que deseja dar atenção a outras coisas."

É verdade que muitos Negros não desejam ouvir nada sobre sua raça, e poucos brancos de hoje vão ouvir a história de desgraça. Com a maioria deles, a questão racial foi resolvida. Ao Negro foi designada a mais baixa servidão como espaço de lida no qual as massas devem ganhar a vida; e social e politicamente a raça foi proscrita, de forma geral. Visto que os críticos da raça "resolveram" a questão dessa maneira, é natural que se oponham a qualquer esforço para mudar o status.

Muitos profissionais Negros que ganham a vida cuidando dos assuntos desses trabalhadores e servos em seu estado mental subdesenvolvido e muitos professores que, de forma conservadora, estão instruindo seus filhos a manter o *status quo antebellum* também se opõem a qualquer movimento para perturbar esse arranjo. Eles estão recebendo por seus esforços, por que deveriam mudar isso? Os deuses assim decretaram. Os seres humanos não podem mudar isso. Por que ser insensato? Um Negro com pensamento suficiente para construir um programa próprio é indesejável, e os sistemas educacionais deste país, em geral, se recusam a trabalhar por intermédio de tais Negros na promoção de sua causa. O programa para a elevação dos Negros neste país deve ser entregue a uma força executiva como uma ordem real, e eles devem executá-lo sem questionar ou sair da linha e deixar a procissão continuar. Embora o Negro seja diariamente mais e mais forçado pela segregação a um mundo bastante próprio, seu estatuto desconcertante recebe pouca ou nenhuma reflexão, e ele não é considerado capaz de pensar por si mesmo.

A principal dificuldade com a educação do Negro é que ela tem sido em grande medida uma imitação, resultando na escravidão de sua mente. Uma pessoa de outra raça desejou realizar em Negros uma experiência que interessava a ela e a seus colegas de trabalho; e os Negros, sendo objetos de caridade, receberam-nos cordialmente e fizeram o que lhes fora requisitado. Na verdade, a tônica na educação do Negro tem sido fazer o que lhe é dito para fazer. Qualquer Negro que tenha aprendido a fazer isso está bem preparado para funcionar na ordem social americana como os outros o fariam funcionar.

Observando os cursos nas escolas públicas, vemos que há pouca indicação de que o Negro figura nesses currículos. Em matéria suplementar, a boa ação de algum Negro é tratada de modo aleatório, mas com frequência a raça é mencionada apenas para ser exposta ao ridículo. Com exceção de alguns lugares como Atlantic City, Atlanta, Tulsa, St. Louis, Birmingham, Knoxville e os estados de Louisiana e Carolina do Norte, nenhum esforço é feito para estudar o Negro nas escolas públicas como se faz com o latim, o teutão ou o mongol. Vários Negros (des)educados afirmam que o estudo do Negro por crianças lhes traria adiante prematuramente o problema racial e, portanto, insistem que o estudo da raça seja protelado até que alcancem um trabalho avançado na faculdade ou universidade. Esses professores equivocados ignoram o fato de que a questão racial é levada a crianças Negras e brancas todos os dias em suas casas, nas ruas, por meio da imprensa e na tribuna. Como, então, a escola pode ignorar o dever de ensinar a verdade quando esses outros agentes fingem que essa questão é falsa?

A experiência de professores universitários mostra que não se mudam as atitudes raciais dos jovens após a adolescência com facilidade. Embora os alunos desse estágio avançado sejam apresentados à falácia da superioridade racial e à tolice das distinções sociais, eles, todavia, continuam a fazer a coisa ilógica de ainda considerar esses grupos desprezados menos dignos do que eles próprios e persistir em tratá-los dessa forma. Professores de escolas primárias e secundárias que dão atenção ao problema inter-racial conseguiram suavizar e mudar a atitude de crianças cujo julgamento não foi tão irremediavelmente distorcido pela atitude geral das comunidades nas quais foram criadas.

Ao abordar o problema dessa forma, para neutralizar a educação unilateral da juventude, as pessoas pensantes deste país não têm o desejo de alterar o currículo das escolas ou de forçar o Negro à discussão pública; mas, para que o Negro seja elevado, deve-se educá-lo no sentido de se desenvolver a partir do que ele é, e o público deve ser esclarecido a ponto de pensar no Negro como um homem. Além disso, ninguém pode ser educado por completo até que aprenda tanto sobre o Negro quanto sabe sobre outras pessoas.

Ao examinar os programas recentes das principais faculdades Negras, descobre-se que invariavelmente elas dão cursos sobre Europa antiga, medieval e moderna, mas não oferecem cursos sobre a África antiga, medieval e moderna. No entanto, a África, de acordo com descobertas recentes, contribuiu tanto para o progresso da humanidade quanto a Europa, e a civilização primitiva do mundo mediterrâneo foi decididamente influenciada pela África.

Faculdades Negras oferecem cursos sobre os colonos europeus antes de sua vinda para a América, seu assentamento nestas costas e seu desenvolvimento aqui em direção à independência. Por que elas não são da mesma forma generosas com os Negros no tratamento de seu estado na África antes da escravidão, de sua primeira migração para as Índias Ocidentais, da latinização de certos Negros em contradição ao desenvolvimento de outros sob a influência do teutão e do esforço da raça em direção à autoexpressão?

Um exame mais aprofundado de seus currículos mostra, também, que invariavelmente essas faculdades Negras oferecem cursos de filosofia grega e do pensamento europeu moderno, mas não direcionam nenhuma atenção à filosofia do africano. Os Negros da África têm e sempre tiveram suas próprias ideias sobre a natureza do universo, do tempo e do espaço, sobre aparência e realidade, e sobre liberdade e necessidade. O esforço do Negro para interpretar a relação do homem com o universo mostra tanta inteligência quanto encontramos na filosofia dos gregos. Houve muitos africanos que eram tão sábios quanto Sócrates.

Mais uma vez, observam-se em alguns desses programas inúmeros cursos de arte, mas nenhum curso bem definido na arte Negra ou africana, que no princípio influenciou a arte dos gregos. Pensadores estão agora dizendo que a cultura primitiva do Mediterrâneo era principalmente africana. A maioria dessas faculdades nem sequer direciona atenção especial à música Negra, por meio da qual o Negro fez sua extraordinária contribuição à América. A justificativa irracional é que, como os brancos não têm esses ensinamentos em suas escolas, os Negros não devem tê-los nas deles. Os católicos e judeus, portanto, estão errados em estabelecer escolas especiais para ensinar seus princípios de religião, e os alemães na América são imprudentes por deixarem seus filhos ser ensinados com sua língua materna.

Essa tem sido a educação dos Negros. Ensinaram a eles fatos da história, mas eles nunca aprenderam a pensar. A concepção deles é que você vai à escola para descobrir o que as outras pessoas fizeram, e então você vai para a vida para imitá-las. O que eles fizeram pode ser feito por outros, eles afirmam; e eles estão certos. Eles estão errados, no entanto, por não perceberem que o que os outros fizeram talvez eles não precisem fazer. Se fôssemos fazer a mesma coisa identicamente, de geração em geração, não faríamos nenhum progresso. Se duplicarmos de século a século os mesmos feitos, o mundo vai se cansar de uma performance tão monótona.

Nesse particular, a "educação Negra" falha e é um desastre, pois, no atual predicamento a raça está especialmente necessitada de visão e criação para dar alguma coisa nova à humanidade. O mundo não quer e nunca terá os heróis e heroínas do passado. O que esta era precisa é de uma juventude esclarecida não para tomar para si as tarefas, mas para absorver o espírito desses grandes homens e responder ao presente chamado do dever com igual nobreza de alma.

Não só as necessidades das gerações variam como, entre os próprios indivíduos, um não é duplicata do outro; e, sendo diferente nesse aspecto, sua única esperança de funcionar de forma eficiente na sociedade é conhecer a si mesmo e a geração que eles devem servir. O principal valor no estudo da memória dos outros é conhecer melhor a si mesmo com as possibilidades de viver e agir na era atual. Enquanto os Negros continuarem a restringir-se a fazer o que era necessário cem ou mil anos atrás, eles deverão naturalmente esperar ser deixados de fora do grande esquema das coisas que dizem respeito aos homens de hoje.

O campo mais convidativo para descoberta e invenção, então, é o próprio Negro, mas ele não percebe isso. Frederika Bremer, ao refletir sobre sua visita à América por volta de 1850, deu a este país um novo pensamento ao dizer aos americanos "O romance de sua história é o destino do Negro".

Nesse exato pensamento há possibilidades extraordinárias para o historiador, o economista, o artista e o filósofo. Por que o escritor Negro deveria buscar um tema fora quando tem o maior de todos em casa? O cativeiro do Negro trazido da África é um dos maiores dramas da história, e o escritor que apenas vê nessa provação algo para aprovar ou condenar não consegue entender a evolução da raça humana. Negros que agora estudam drama vão para nossas escolas para reproduzir Shakespeare, mas membros mentalmente desenvolvidos dessa raça veriam as possibilidades de um drama maior na tragédia do homem Negro. Pessoas Negras que se formam em conservatórios de música não gostam de cantar nossas canções populares. Por alguma razão, essas pessoas equivocadas pensam que podem melhorar as produções do drama estrangeiro ou tornar a música de outros melhor do que a delas.

Um conhecimento da história real levaria a pensar que a escravidão foi um dos desenvolvimentos significativos que, embora maus em si mesmos, podem redundar, às vezes, em benefício dos oprimidos e não do opressor. Alguém disse que a música da Polônia foi inspirada por incidentes de uma luta contra os déspotas que invadiram e repartiram sua terra prostrada. Os gregos nunca tiveram uma arte até que o país fosse invadido por asiáticos hostis. Alguém então começou a imortalizar na canção os filhos que saíram para lutar pela terra natal. Outro esculpiu em mármore o pensamento evocado pelo exemplo dos jovens gregos que bloquearam a passagem da montanha com o próprio corpo ou que desnudaram o peito para o dardo a fim de defender a liberdade de seu país. Essas coisas, as chamamos de arte.

Em nosso país, os outros elementos da população, seguros em sua posição, nunca enfrentaram tal crise; e os europeus, em cujo padrão a vida americana é moldada, não tiveram tal experiência em tempos recentes. Os americanos brancos, então, não produziram nenhuma arte, e a arte da Europa chegou ao ponto de estagnação. Negros que imitam brancos, portanto, estão envolvidos em uma performance muito pouco lucrativa. Por que não interpretar a si mesmo para o mundo de uma nova maneira?

Se tivéssemos uns poucos pensadores, poderíamos esperar grandes conquistas no amanhã. Algum Negro com perspicácia incomum escreveria um épico sobre cativeiro e liberdade que teria um lugar junto aos épicos de Homero e Virgílio. Algum Negro com apreciação estética construiria a partir de fragmentos coletados da música Negra uma grande ópera que moveria a humanidade ao arrependimento. Algum Negro iniciado na filosofia encontraria um consolo para o mundo moderno na alma dos Negros, e então os homens seriam homens porque são homens.

O Negro em sua situação atual, no entanto, não vê possibilidades até que seja tarde demais. Ele exercita muito "o retrospecto", e por isso ele perde terreno nas batalhas muito disputadas da vida. O Negro, via de regra, espera até que algo aconteça antes de tentar evitar. Ele é muito parecido com um homem que eu vi uma vez nocauteado em um combate físico. Em vez de se esquivar quando o golpe lhe era desferido, ele ressurgiu de sua prostração esquivando-se dele.

Por exemplo, o autor acaba de receber a carta de uma senhora de Pittsburgh reclamando que o bibliotecário de uma de suas escolas insiste em ler para as crianças "uma grande quantidade de literatura contendo palavras como 'crioulo', 'mulato', 'Little Black Sambo' etc.". Essa senhora, portanto, gostaria de colocar naquela escola alguns livros de autores Negros. Esse é um esforço louvável, mas chega um pouco tarde; esperemos que não tarde demais.

Durante séculos, essa literatura tem circulado entre as crianças do mundo moderno; e elas, portanto, passaram a considerar o Negro como inferior. Agora que alguns de nossos Negros da mesma forma (des)educados estão vendo como foram enganados, despertam para se incumbir do trabalho há muito negligenciado. Eles deveriam ter pensado nisso gerações atrás, pois têm diante de si, hoje, a tremenda tarefa de dissipar esse erro e neutralizar os resultados de tal viés em nossa literatura.

Acabou de chegar, também, de um amigo da humanidade em Edimburgo, Escócia, um relato terrível do aumento do preconceito racial naquela região. Marinheiros que frequentavam o reduto do preconceito racial na África do Sul se comprometeram recentemente a impedir homens Negros de socializarem com mulheres escocesas em um baile; e alguns professores da Universidade de Edimburgo, com a mesma atitude, mostram tanto disso em seu ensino que esse amigo nos suplica para que lhe sejam enviados livros com informações sobre os Negros. Vamos fazer isso.

Aqui outra vez, no entanto, o esforço para desenraizar o erro e popularizar a verdade vem um pouco tarde. Desde que foi libertado, o Negro tem brincado, criado confusões e se divertido, enquanto o homem branco se aplicou à tarefa de definir a situação do Negro, obrigando-o a aceitá-la, assim, para sempre. Enquanto o Negro esteve ocioso, a propaganda foi muito à frente da história. Infelizmente, também, os "eruditos" Negros têm auxiliado na produção da literatura que favorece esse ponto de vista.

XIV. O NOVO PROGRAMA

Parece uma simples proposição, então, que, se sob o sistema atual que produziu nossa liderança na religião, na política e nos negócios, nós retrocedemos para a servidão ou ao menos deixamos de avançar para a real liberdade, é passada a hora de desenvolver outra sorte de liderança com um sistema educacional diferente. Em primeiro lugar, devemos ter consciência de que o Negro nunca foi educado. Ele apenas foi informado sobre outras coisas que ele não era autorizado a fazer. Os Negros foram expulsos das escolas regulares pela porta dos fundos para a obscuridade do quintal e orientados a imitar outros que vêm de longe, ou foram autorizados em alguns lugares a entrar nas escolas públicas para ver como os outros educam a si mesmos. O programa para a elevação do Negro neste país deve ser baseado em um estudo científico do Negro, feito de dentro para fora, para desenvolver nele o poder de fazer por si mesmo o que seus opressores nunca farão para elevá-lo ao nível dos outros.

Sem educação de fato, temos pouquíssimas pessoas preparadas para ajudar os Negros que eles escolheram como líderes. Nem todas essas pessoas são homens e mulheres desonestos. Muitas delas são sinceras e acreditam que estão fazendo um grande bem à raça atrasando-a dessa forma. Elas devem ser despertadas e inteiradas sobre o erro de seus caminhos.

Temos pouquíssimos professores porque a maioria daqueles que nos afligem não sabe nada sobre as crianças a quem lecionam ou sobre seus pais, que influenciam os alunos mais do que os próprios professores. Quando um menino vem para a escola sem saber sua lição, deveriam examiná-lo em vez de puni-lo. O menino que vai bem no início do ano e fica para trás perto do final do semestre não deveria ser sempre censurado ou ridicularizado. Via de regra, essas crianças não são responsáveis por seus fracassos. Seus pais e seu status social são os principais responsáveis por essas deficiências. O professor Negro, então, deve tratar a doença em vez dos sintomas.

Mas pode-se esperar que os professores revolucionem a ordem social para o bem da comunidade? Na verdade, devemos esperar exatamente isso. O sistema educacional de um país é inútil se não cumprir essa tarefa. Homens de muita cultura e, por consequência, de visão profética devem nos mostrar o caminho certo e nos conduzir à luz que brilha cada vez mais.

Na igreja, onde temos muita liberdade e independência, devemos nos livrar dos pregadores que não estão preparados para ajudar as pessoas que eles exploram. O público deve se recusar a apoiar esse tipo de homem. Os ministros, que são criações do antigo sistema educacional, devem ser despertados e, se isso for impossível, devem ser destronados. Aqueles que mantêm o povo na ignorância e brincam com suas emoções devem ser exilados. As pessoas nunca aprenderam o que é religião, pois a maioria dos pregadores acha mais fácil estimular a superstição que se desenvolve na mente não esclarecida. A religião em tais mãos, então, torna-se algo com o qual se tira vantagem das pessoas fracas. Por que tentar esclarecer as pessoas sobre isso quando a superstição funciona do mesmo jeito para a exploração?

Os ministros, com a confiança do povo, devem, acima de tudo, compreender o próprio povo. Eles devem descobrir o passado de seus paroquianos, saber se eles foram criados na Geórgia, no Alabama ou no Texas, se estão alojados em circunstâncias desejáveis, o que fazem para ganhar a vida, o que fazem com seus ganhos, como eles reagem ao mundo em relação a eles, como eles usam seu tempo de lazer ou como eles funcionam junto a outros componentes da ordem social.

Em nossas escolas, em especial nas escolas de religião, deve-se dar atenção ao estudo do Negro e seu desenvolvimento antes da Guerra Civil, mostrando até que ponto essa cultura remota foi determinada por conceitos que o Negro trouxe consigo da África. Ter como certo que o Negro anterior à Guerra era um ignorante ou que o nativo trazido da África não tinha uma cultura valiosa apenas porque alguns escritores preconceituosos disseram isso não mostra a atitude letrada, e os estudantes Negros que dirigem seus cursos nesse ponto nunca serão capazes de lidar com os problemas sociais apresentados hoje pela igreja Negra.

Os pregadores de hoje devem aprender a fazer tão bem quanto os de outrora. Richard Allen interpretou o cristianismo de uma forma tão nova para seu senhor que ele se converteu, assim como Henry Evans e George Bentley para outros brancos na Carolina do Norte e no Tennessee. Em vez de aceitar e tentar praticar as teorias que os exploradores da humanidade trouxeram para os programas religiosos, os Negros devem esquecer suas diferenças e, com a força de uma igreja unida, trazer uma nova interpretação de Cristo para este mundo de má vontade. Seguindo os ensinamentos religiosos de seus críticos, os Negros não demonstram mais bom senso do que um povo que permitisse aos criminosos promulgarem leis e estabelecerem os procedimentos dos tribunais pelos quais devem ser julgados.

Os pregadores Negros também devem ser educados para seu povo, e não longe deles. Isso, é claro, requer um novo tipo de escola religiosa. Para prover tal treinamento, a igreja Negra deve se livrar de sua opressiva força de supervisão. Se o número de bispos das várias igrejas metodistas Negras fosse reduzido para cerca de doze ou quinze, como deveria ser, a quantia de 100 mil dólares ou mais que agora é paga para sustentar o número desnecessário poderia ser usada para manter de forma adequada pelo menos uma faculdade credenciada; e o que agora está sendo levantado aqui e ali para sustentar diversas instituições batalhadoras, mas famintas, mantidas vivas por bispos e pregadores ambiciosos, poderia ser economizado para o povo. Com esse dinheiro desviado para um uso mais prático, a raça seria capaz de estabelecer algumas outras coisas que serviriam como ativos, e não como passivos.

Dizemos passivos, pois, na prática, todas as nossas escolas denominacionais, que estão sangrando as pessoas em virtude do apoio inadequado que recebem, ainda são incapazes de fazer um trabalho credenciado. Há tantos deles que um empobrece o outro. Destacados homens da igreja, portanto, têm que adquirir sua educação avançada frequentando outras escolas no início ou recebendo treinamento adicional em outros lugares depois de aprenderem tudo o que as nossas escolas denominacionais podem oferecer. Esta é uma perda de terreno que deve ser recuperada se a igreja for adiante.

Com unificação e organização adequadas, as igrejas Negras podem apoiar uma ou duas universidades próprias muito necessárias. Com o arranjo atual de dois ou três na mesma área e, às vezes, o mesmo número em uma cidade, não há chance de emergir do penoso estado de pobreza. E mesmo que essas instituições possam fazer bem o que empreendem, elas não suprem todas as necessidades educacionais. Para se qualificarem para a certificação nas profissões, os Negros devem ir para outras escolas, onde, embora adquiram os conhecimentos fundamentais, aprendem muito sobre sua "inferioridade" para desencorajá-los em sua luta para crescer.

Não deveríamos fechar faculdades ou universidades Negras credenciadas, mas deveríamos reconstruir todo o sistema. Não deveríamos eliminar muitos dos cursos que estão sendo oferecidos agora, mas deveríamos garantir homens de visão que deem a esses cursos o ponto de vista das pessoas a serem atendidas. Não deveríamos gastar menos dinheiro para a educação superior do Negro, mas deveríamos redefinir a educação superior como preparação para pensar e elaborar um programa para servir aos humildes em vez de viver como um aristocrata.

Matérias exatas como matemática, é claro, continuariam, e também a maioria do trabalho em linguagens práticas e ciências. Na teologia, literatura, em ciências sociais e educação, contudo, a reconstrução radical é necessária. As velhas teorias desgastadas quanto à relação do homem com Deus e seu próximo, o sistema de pensamento que permitiu que um homem explorasse, oprimisse e exterminasse outro e ainda fosse considerado justo, devem ser substituídas pelo novo pensamento dos homens como irmãos e a ideia de Deus como amante de toda a humanidade.

Depois que os estudantes Negros tiverem dominado os conhecimentos fundamentais do inglês, os princípios da composição e os fatos mais importantes no desenvolvimento dessa literatura, não devem gastar todo o tempo em trabalhos avançados sobre Shakespeare, Chaucer e anglo-saxões. Devem direcionar sua atenção também para o folclore africano, para a filosofia em seus provérbios, para o desenvolvimento do Negro no uso da linguagem moderna e para as obras de escritores Negros.

Os principais fatos da história do mundo devem ser estudados por todos, mas que vantagem é para o estudante Negro de história dedicar todo o seu tempo a cursos que se baseiam em déspotas como Alexandre, o Grande, César e Napoleão, ou para o registro dessas nações cuja notável conquista foi rapina, pilhagem e assassinato pelo poder mundial? Por que não estudar a formação africana do ponto de vista da antropologia e da história, e depois assumir a sociologia no que diz respeito ao camponês Negro ou proletário que sofre de males suficientes para fornecer trabalhos de laboratório para os alunos mais avançados da ordem social? Por que não tratar da forma como a economia reflete nos Negros de hoje e produzir algum remédio para sua falta de capital, a ausência de empreendimento cooperativo e a curta vida de seus estabelecimentos? Instituições como Harvard, Yale e Colúmbia não vão fazer essas coisas, e educadores influenciados por elas, na medida em que se tornam cegos, para o Negro nunca servirão à raça de forma eficiente.

Para educar o Negro, devemos descobrir com exatidão qual é o seu passado, o que ele é hoje, quais são suas possibilidades e como iniciar a educação dele da forma como ele é e torná-lo um melhor indivíduo em sua natureza. Em vez de atulhar a mente do Negro com o que outros mostraram que podem fazer, deveríamos desenvolver seus poderes latentes de forma que ele possa desempenhar na sociedade um papel que outros não são capazes de desempenhar.

Durante minha vida, vi exemplos marcantes de como as pessoas deveriam ou não ser ensinadas. Alguns deles valem a pena ser relatados. Provavelmente o mais interessante foi o de um trabalho missionário na China. Em 1903, cruzei o Oceano Pacífico com 26 missionários que iam pegar o Oriente de surpresa. Todd, da Carolina do Norte, orava e pregava quase todos os dias para estimular seus colegas de trabalho a ir corajosamente enfrentar a tarefa que tinham diante de si. Doutor De Forest, que era missionário havia muito tempo no Japão, informou-lhes que o trabalho exigia mais do que entusiasmo; que eles não podiam correr para as casas dos nativos dizendo "que a paz esteja nesta casa", pois isso poderia virar para o outro lado e dar a alguém a oportunidade de dizer: "Que a paz esteja sobre suas cinzas!".

Doutor De Forest explicou-lhes como ele escolheu um caminho totalmente diferente, preferindo primeiro estudar a história, a língua, os modos e os costumes das pessoas para, então, abordá-las de forma inteligente; e só depois de quatro anos ele se comprometeu a tentar convencer alguém, teve grande sucesso e foi convidado a pregar diante do próprio Mikado. Mas Todd não aceitou o seu conselho, por isso, não fazia nem cinco meses que estavam na China quando ele e sua esposa foram envenenados por um cozinheiro nativo que ficou enfurecido com a forma como eles interferiram nas instituições de seu povo.

Outro exemplo marcante é o da educação dos filipinos. Pouco depois do fim da Guerra Hispano-Americana, o governo dos Estados Unidos começou a educar os filipinos durante a noite. Uma boa quantidade de americanos com "formação superior" fora levada para lá a fim de fazer o trabalho. Iniciaram a tarefa ensinando os filipinos assim como tinham ensinado crianças americanas que viviam em outras circunstâncias. O resultado foi um fracasso. Homens treinados e formados em instituições como Harvard, Yale, Colúmbia e Chicago não conseguiram alcançar essas pessoas e precisaram ser demitidos do serviço. Alguns desses americanos "acadêmicos" tiveram de ser mantidos pela contribuição financeira de amigos até que puderam ser enviados de volta a este país pelo governo.

Nesse meio-tempo, entretanto, teve um corretor de seguros que foi para as Filipinas a negócios. Ele nunca havia lecionado, e ele nunca tinha estudado autoridades como Bagley, Judd e Thorndike; mas ele entendia as pessoas. Vendo que outros tinham fracassado, ele resolveu assumir o trabalho. Então, ele encheu a sala de aula com diversos objetos que faziam parte do ambiente do aluno. No início, ele não usava muito livros, pois os fornecidos não eram adaptados às necessidades das crianças. Ele falou sobre os objetos ao redor deles. Tudo foi apresentado de modo objetivo. Quando teve de falar sobre os hábitos da cobra, ele levou um exemplar do réptil à escola para demonstração. Quando ele ensinou sobre o crocodilo, também tinha um lá. Ao ensinar a música filipina, ele não cantava "Venha agitar a macieira". Eles nunca tinham visto uma macieira. Ele ensinou-os a cantar "Venha agitar o jamboleiro", algo que de fato eles conheciam. Na leitura, ele não se concentrou na história de George Washington. Eles nunca tinham ouvido falar dele e não poderiam ter apreciado esse mito se alguém tivesse contado a eles a respeito. Esse verdadeiro educador narrou histórias sobre o herói do povo, José Rizal, que deu a própria vida como mártir pela liberdade do país. Aos poucos, eles se livraram da maioria dos livros baseados na vida do povo americano e elaboraram uma série totalmente nova que mostrava a vida dos filipinos. O resultado, então, foi que esse homem e outros que enxergaram a situação da mesma forma que ele tiveram êxito, e o trabalho das escolas públicas nas Filipinas é hoje a notável conquista dos americanos naquele país.

Não quero sugerir aqui, no entanto, que um povo deva ignorar o registro do progresso de outras raças. Não defenderia tal atitude imprudente. Devemos guardar os fatos reais da história como eles são, mas completem esse conhecimento estudando também a história das raças e nações que foram ignoradas de propósito. Não devemos subestimar as conquistas da Mesopotâmia, Grécia e Roma; mas devemos dar igual atenção aos reinos africanos, ao império Songhay e à Etiópia, que através do Egito decididamente influenciaram a civilização do mundo mediterrâneo. Não ignoraríamos a ascensão do cristianismo e o desenvolvimento da Igreja; mas, ao mesmo tempo, faríamos menção honrosa às pessoas de sangue africano que figuraram nessas conquistas, e que hoje estão se esforçando para cumprir os princípios de Jesus há muito repudiados pela maioria dos chamados cristãos. Não devemos subestimar as conquistas dos capitães da indústria que, na expansão comercial do mundo moderno, produziram a riqueza necessária para o bem-estar e o conforto; mas devemos dar crédito ao Negro que em tão grande parte supriu a demanda da mão de obra por meio da qual essas coisas foram realizadas.

Em nossa história particular, não diminuiríamos nem um pouco o brilho de qualquer estrela em nosso firmamento. Não aprenderíamos menos sobre George Washington, "primeiro na guerra, primeiro na paz e primeiro nos corações de seus compatriotas", mas aprenderíamos algo também sobre os 3 mil soldados Negros da Revolução Americana que ajudaram a tornar este "pai do nosso país" possível. Não deixaríamos de apreciar a contribuição incomum de Thomas Jefferson para a liberdade e a democracia, mas chamaríamos a atenção também para dois de seus extraordinários contemporâneos, Phyllis Wheatley, o escritor de versos interessantes, e Benjamin Banneker, o matemático, astrônomo e defensor de um plano de paz mundial estabelecido em 1793 com os princípios vitais da Liga das Nações de Woodrow Wilson. Não detrataríamos de forma alguma a fama de Perry no Lago Erie ou Jackson em Nova Orleans na segunda luta contra a Inglaterra, mas nos lembraríamos dos imponentes Negros que ajudaram a conquistar essas vitórias memoráveis em terra e mar. Não deixaríamos de prestar homenagem a Abraham Lincoln como o "salvador do país"; mas atribuiríamos louvor também aos 178 mil Negros que tiveram de ser convocados a serviço da União antes que ela pudesse ser preservada, e que por seu heroísmo demonstraram que tinham direito à liberdade e à cidadania.

XV. ORIENTAÇÃO VOCACIONAL

Mas como pode o Negro neste novo sistema aprender a ganhar a vida, a tarefa mais importante para a qual todas as pessoas devem dar atenção? Em vista da condição econômica do Negro, a maioria das escolas está agora concentrada no que é chamado de "orientação vocacional", em um esforço para responder a essa pergunta. Como, entretanto, devem orientar seus alunos Negros? A maioria dos Negros agora empregados está num beco sem saída e, infelizmente, algumas escolas parecem não fazer nada além de estimular sua ida nessa direção.

Pode parecer uma afirmação precipitada, mas um estudo de nosso sistema educacional mostra que nossas escolas ensinam todos os dias aos Negros o que eles nunca podem colocar em prática na vida ou o que não é mais lucrativo por causa da revolução da indústria pela multiplicação dos aparelhos mecânicos. Por exemplo, algumas de nossas escolas ainda estão ensinando confecção individual de roupas, que hoje não oferece futuro, exceto no atendimento às classes privilegiadas e ricas. Algumas dessas instituições ainda oferecem ensino de confecção de calçados sob medida quando a técnica desenvolvida sob suas desvantagens torna impossível a competição com a fábrica moderna baseada na invenção de um Negro, Jan Matzeliger.

Esses fatos são conhecidos há gerações, mas algumas dessas instituições aparentemente não mudam. A educação, como a religião, é conservadora. Nesse âmbito, a mínima pressa pode ser inimiga da perfeição. "Não mude a ordem atual de pensar e agir", muitos dizem, "pois você atrapalha muitas coisas há muito tempo consideradas ideais". O passado remoto, de acordo com essa visão, deve ser o principal fator na determinação do futuro. Devemos aprender com o passado recente e deixar o passado remoto permanecer remoto.

Uma pesquisa sobre o emprego dos Negros neste país mostra uma situação muito indesejável. A educação das massas não lhes permitiu avançar muito para ganhar a vida e não desenvolveu no Negro o poder de mudar essa condição. Sabe-se que em muitos estabelecimentos o Negro, quando jovem, começa como zelador ou porteiro e morre idoso na mesma posição. A tradição define que esta é a situação dele, e ambas as raças se sentem satisfeitas.

Quando esse zelador ou porteiro morre, os jornais marcam o falecimento do Negro que conhecia seu lugar e nele prestava um serviço satisfatório. Homens brancos "distintos", cujos problemas ele saía pra resolver, cujas cuspideiras ele limpava, oferecem-se para carregar seu caixão e seguem seus restos mortais até o local de descanso final. Editores Negros imprudentes, em vez de expressar seu pesar pelo fato de uma vida tão útil não ter sido recompensada com promoção, adotam o refrão como uma grande honra concedida à raça.

Assim, entre as pessoas satisfeitas com as ocupações inferiores e por enviar seus filhos à escola para memorizar teorias que nunca se veem aplicadas, não pode haver orientação vocacional. Tal esforço implica um objetivo; e na presente condição de dependência econômica não há ocupação para a qual o Negro possa se preparar com a certeza de que encontrará emprego. As oportunidades que ele tem hoje lhe podem ser tiradas amanhã; e as escolas que mudam seus currículos por tentativa e erro podem logo se ver no caminho errado, assim como estiveram por gerações.

Os Negros não precisam de alguém que os ensine o que pessoas de outra raça desenvolveram. Eles devem ser ensinados a pensar e desenvolver algo por si mesmos. É patético demais ver Negros implorando aos outros por uma chance, como temos visto recentemente. "Não nos obrigue a morrer de fome", diziam. "Deixe-nos entrar em suas lojas e fábricas e fazer uma parte do que você está fazendo para lucrar com nosso comércio." O Negro como escravizado desenvolveu essa sorte fatal de dependência; e, restrito principalmente a serviços subalternos e enfadonhos durante a liberdade nominal, ele não saiu disso. Agora o Negro está enfrentando a provação de aprender a fazer por si mesmo ou morrer lentamente no gueto, na fila da sopa.

Se as escolas de fato pretendem promover a elevação necessária, devem, em primeiro lugar, providenciar professores. Infelizmente, temos pouquíssimos bons trabalhadores. A grande maioria das pessoas que supostamente ensinam Negros nunca leva para a sala de aula algum pensamento sobre como melhorar sua condição. Do ponto de vista desses supostos professores, eles cumprem seu dever quando, de maneira mecânica, comunicam na sala de aula os fatos particulares que escreveram no exame quando se "qualificaram" para seus respectivos cargos. A maioria deles fica satisfeita em receber seu pagamento e gastá-lo com as bugigangas e futilidades da vida.

Eu conheci muito bem um Negro desse tipo, que agora está trabalhando como diretor de uma das maiores escolas dos Estados Unidos. Do ponto de vista do nosso sistema atual, ele tem bastante estudo. Tem diplomas avançados de uma das principais instituições do mundo e é conhecido por estar bem informado sobre todas as teorias educacionais desenvolvidas desde a época de Sócrates até os dias de Dewey. No entanto, esse "educador" diz frequentemente que em seu dia a dia ele nunca se relaciona com Negros porque eles são insuportáveis. Ele diz que nunca compra nada de uma loja de Negros, e não se atreveria a colocar um centavo em um banco Negro.

Com esses professores, um grande número de Negros aprende essa fatídica lição. Por exemplo, não faz muito tempo, um comitê de Negros em uma grande cidade foi até o dono de uma rede de lojas em seu bairro e solicitou que ele colocasse um gerente Negro no comando. Este homem respondeu que duvidava que os próprios Negros quisessem tal coisa. Os Negros, instando-o a fazer a mudança, garantiram-lhe que eram unânimes a favor dela. O gerente, no entanto, pediu-lhes para serem justos com a empresa e consigo mesmos o suficiente para analisar a situação antes de pressioná-lo. Eles fizeram então uma pesquisa e descobriram que 137 famílias Negras naquele bairro se opuseram seriamente a comprar de Negros e ao uso de artigos tratados por eles. Esses Negros, então, tiveram de fazer um trabalho de base para arrancar a ideia de inferioridade resultante da sua (des)educação.

Então, de que modo pode um Negro que despreza o empreendimento de seus companheiros orientar a juventude da raça e onde você imagina que a juventude com essa orientação estará em 1950? Os brancos diariamente informam aos Negros que não precisam ir até eles para ter oportunidades. Será que a juventude Negra, (des)educada por pessoas que depreciam seus esforços, aprende a criar oportunidades para si mesma? Este é o verdadeiro dilema que os Negros devem resolver; e quem não estiver interessado nisso e não fizer nenhum esforço para resolver é inútil na luta atual.

Nossos professores avançados, como a maior parte dos Negros com "educação superior", prestam pouca atenção às coisas a respeito de si próprios, exceto quando o sapato começa a apertar de um lado ou outro. A não ser que fiquem nus, eles nunca pensam na produção de algodão ou lã; a não ser que sintam fome, nunca pensam na produção de trigo ou milho; a não ser que seus amigos percam os empregos, eles nunca se informam sobre as perspectivas para o carvão ou o aço, ou como essas coisas afetam as crianças que eles estão tentando ensinar. Em outras palavras, estamos num mundo, mas não pertencemos a ele. Como essas pessoas podem orientar os jovens sem saber como essas coisas afetam a comunidade Negra?

A comunidade Negra, num certo sentido, é composta por aqueles ao seu redor, mas funciona de uma maneira diferente. Você não consegue vê-la apenas olhando pelas janelas da sala de aula. Essa comunidade requer investigação científica. Embora as pessoas de sangue africano sejam obrigadas a manter uma relação mais próxima com seu próprio povo do que com outros indivíduos da sociedade, nos campos social e econômico elas são influenciadas de outra forma. A comunidade Negra sofre com a falta de delimitação causada pelas várias ramificações da vida nos Estados Unidos. Por exemplo, pode haver um merceeiro Negro no bairro, mas o motorista Negro de um homem rico da cidade e a lavadora de uma família aristocrática em "área bem qualificada" estarão mais do que inclinados a comprar sua comida e suas roupas no estabelecimento maior, com o qual seus empregadores têm conexões, mesmo que possam ser insultados lá. Negros do Distrito de Colúmbia têm milhões de dólares depositados em bancos da cidade, onde não se permitem mulheres Negras nos banheiros femininos.

Bem no coração da seção de Negros com educação superior de Washington, também há um restaurante que atende pela porta da frente exclusivamente os homens de negócios brancos, que devem viver na seção dos Negros para suprir-lhes as necessidades da vida, e servindo ao mesmo tempo pela porta dos fundos um número de Negros que se amontoam naquela sala encardida para comprar qualquer coisa que se jogue para eles. No entanto, a menos de duas quadras de distância, há vários Negros administrando cafés onde eles podem ser servidos pela mesma quantia e em circunstâncias desejáveis. Os Negros que fazem isso, dizemos, não têm a atitude adequada em relação à vida e a seus problemas, por isso não temos tempo para eles. Eles não pertencem à nossa comunidade. Os críticos da raça, no entanto, estão orientando essas pessoas pelo caminho errado. Por que os Negros "educados" não mudam sua rota, identificando-se com as massas?

Por razões semelhantes, o profissional Negro nem sempre tem uma bela casa e um bom carro. Sua situação em contrário pode resultar de ações como a de um homem pobre que recentemente bateu em minha porta por volta da meia-noite a fim de usar meu telefone para chamar uma ambulância porque sua esposa estava doente, numa situação de emergência. Apesar de morar mais perto do Hospital dos Libertos, onde uma consideração mais compassiva teria sido dada a essa paciente, ele preferiu levá-la para o Hospital das Vítimas, onde ela teria de entrar pelos fundos e ser colocada num estábulo. Ele trabalhava lá, no entanto, e por causa de uma longa associação com seus críticos e do tipo de tratamento que lhe dispensavam, estava disposto a confiar às mãos deles a questão muito delicada da saúde de sua esposa. Isso fazia parte de um acordo da comunidade dele.

Um grande número de Negros vive nessa comunidade. Você diz que tal atmosfera não é agradável e que não perderá tempo com pessoas satisfeitas dessa forma, mas o pregador explorador, o político sem princípios, o notório jogador e o agente do vício estão todos lá propositalmente enganando essas pessoas que ainda não expulsaram de sua mente as manilhas da escravidão. O que será deles? O que será de você?

Nós os evitamos porque encontramos prazer junto a outros; mas eles estão desenvolvendo sua própria comunidade. O professor deles vive em outra comunidade que pode ou não estar crescendo. Será que a comunidade desse professor vai se expandir a ponto de incluir a deles? Se não, a comunidade pode invadir a do professor. É uma espécie de dualismo social. Qual será o fim? O professor vai ajudar a responder a essa pergunta.

Tal orientação, no entanto, não deve ser restrita às chamadas pessoas comuns. Muitos Negros não têm conhecimento das possibilidades e limitações dos negócios aos quais se dedicam agora. A maioria deles é tão imprudente quanto um homem de negócios Negro que veio a Washington recentemente em um carro de 10 mil dólares, representando uma empresa que tinha apenas 100 mil dólares investidos. É só uma questão de tempo até que sua firma não exista mais. Ele começou a destruir seu negócio desde a fonte. Enquanto os Negros estão gastando assim seus meios e a si mesmos em vidas tumultuadas, os estrangeiros vêm morar entre eles em circunstâncias modestas tempo suficiente para enriquecer e se juntar àqueles que se aproximam desses infelizes economicamente até que todas as esperanças de sua redenção sejam perdidas.

Para escaparem da fome e saírem da pobreza para o conforto e a tranquilidade, os Negros deste país devem mudar sua maneira de pensar e viver. Nunca vi uma demonstração mais marcante de tal necessidade do que pouco tempo atrás, quando um jovem veio até mim em busca de emprego. Ele estava bem adornado com joias e roupas finas e, enquanto esteve no escritório, fumou charutos quase o suficiente para pagar pensão completa para alguém. Um homem desse tipo em um grupo afetado pela pobreza deve sofrer e morrer.

Uma jovem recentemente deslocada de uma posição na qual recebeu uma renda considerável por muitos anos me abordou há pouco tempo para que eu a ajudasse a resolver o problema de ganhar a vida. Eu não consegui sentir muita compaixão, no entanto, pois ela vestia um casaco que custava o suficiente para manter confortavelmente uma pessoa por pelo menos dois anos. Além disso, enquanto conversávamos, ela estava tão ocupada contando sobre o que almejava que teve pouco tempo para me dizer o que ela pensava em fazer para suprir suas necessidades.

Um homem que eu conheço está decididamente em desvantagem por ter perdido uma posição lucrativa. Ele agora deve trabalhar por pouco mais da metade do que estava acostumado a ganhar. Com seu antigo salário, ele era capaz de manter duas ou três meninas, além de sua esposa, e ele bebeu o melhor das coisas de contrabando disponíveis. Ao tentar agora fazer todas essas coisas com um pequeno salário, ele se encontra seguindo o curso mais tortuoso para lidar com as despesas e ele sofre tanto por dentro quanto por fora.

Essa atitude indesejável em relação à vida resulta do fato de que o Negro aprendeu com outros como gastar dinheiro de forma muito mais rápida do que aprendeu a ganhá-lo. Portanto, os Negros deveriam aprender a usar com sabedoria o dinheiro, pois o mal resulta do uso indevido dele. Em grandes cidades como Washington, Baltimore, Filadélfia, Nova York e Chicago, eles ganham milhões e milhões todos os anos e jogam essas vastas somas imediatamente fora por frivolidades que minam sua saúde, viciam sua moral e contribuem para a ruína de gerações de Negros que ainda não nasceram.

Esse esclarecimento quanto às possibilidades econômicas na comunidade Negra deve incluir não apenas instruções sobre como as empresas podem ser viabilizadas, mas também sobre como devem ser partilhadas entre as diversas camadas da comunidade Negra. Tal conhecimento é especialmente necessário no caso dos Negros em razão da tendência fatal à imitação não só do homem branco, mas também da imitação de outros em seu próprio grupo. Por exemplo, um Negro abre um restaurante em uma esquina e vai bem. Outro Negro, observando essa prosperidade, acha que pode, da mesma forma, ir bem abrindo um estabelecimento semelhante ao lado. O resultado inevitável é que, dividindo o comércio entre ele e seu precursor, ele torna impossível para qualquer um garantir patrocínio suficiente para continuar nos negócios.

Em empreendimentos de grande importância, também é evidente a mesma tendência indesejável para a duplicação do esforço. Tem sido comum encontrar dois ou três bancos em uma comunidade Negra, cada um lutando na competição pelo patrocínio de um pequeno grupo de pessoas que mal seriam capazes de apoiar uma dessas instituições financeiras. Esses bancos continuam sua concorrência pouco lucrativa e nunca pensam em uma fusão até que alguma crise os obrigue a ponto de terem de fazê-lo ou ir à bancarrota. A comunidade Negra, então, nunca tem uma instituição financeira forte com recursos suficientes para estimular os esforços dos homens de negócios que, de outra forma, poderiam ter sucesso.

A mesma miopia tem sido evidente no caso das seguradoras organizadas pelos Negros. Uma foi estabelecida aqui e depois outra ali seguiu imitando a primeira. Estamos acostumados a nos gabar de que os Negros têm cerca de cinquenta companhias de seguros neste país, marcando os cantos das ruas das cidades com grandes placas exibindo o que estão fazendo para a raça. Em vez de nos gabarmos de uma expansão tão imprudente, deveríamos ter recebido tais informações com pesar, pois o que a raça precisa de fato é fundir todas as companhias de seguros agora mantidas por Negros e fazer uma que seja boa. Tal atitude, em vez da imitação, seria um passo largo em direção ao nosso tão necessário despertar e certamente nos daria prestígio no mundo dos negócios.

Essa imitação é, com efeito, desastrosa para a empresa econômica, como podemos observar diariamente. Alguns dias atrás, um jovem do Leste lamentou o fato de que, depois de investir os ganhos de sua vida no ramo de drogarias e fazer todos os esforços para estimular o empreendimento, ele fracassou. Alguém aproveitou a ocasião para lembrá-lo de que os homens ficaram ricos, via de regra, não fazendo o que milhares de outros estão fazendo, mas empreendendo algo novo. Se, em vez de ir para o varejo de distribuição de medicamentos, ele tivesse concebido e posto em prática a ideia de criar uma rede de drogarias, ele teria se tornado um homem independente e rico.

Há sempre uma chance de fazer isso porque a grande maioria das pessoas não pensa e, portanto, deixa o campo aberto para aqueles que têm algo novo para agradar o público. Os Negros até acharam isso possível durante os dias de escravidão, quando era de se supor que a raça não tinha nenhuma chance.

Há cerca de cem anos, Thomas Day, um Negro da Carolina do Norte, percebeu que os móveis grosseiros das pessoas de sua comunidade não atendiam aos requisitos do estilo moderno. Ele, então, elaborou um estilo de mobiliário ornamentado e bonito que atraiu a atenção das pessoas mais aristocráticas do Estado e construiu para si um negócio de muito sucesso. As pessoas naquele estado ainda estão falando sobre os móveis de Day, e não muito tempo atrás ele se tornou assunto de um artigo de revista. Se a Carolina do Norte produzisse mais Negros desse tipo hoje, em vez do grande número que vai lecionar e pregar, alguns de seus problemas econômicos atuais poderiam, assim, ser resolvidos.

Nessa mesma época, outro Negro se mostrou igualmente engenhoso. Este era Henry Boyd. Depois de comprar sua alforria em Kentucky, ele foi para Cincinnati a fim de começar a vida como um homem livre. Lá ele encontrou tanto preconceito contra o trabalho Negro que não conseguiu encontrar emprego para trabalhar como ebanista. Um novo pensamento veio a ele, no entanto; dessa forma, ele resolveu o problema.

Boyd se convenceu de que muitas pessoas estavam dormindo em colchões de palha e ripas de madeira, então, ele inventou a cama com fio, uma cama mais confortável antes do uso da cama de molas, que trouxe ainda mais conforto. A cama com fio de Boyd tornou-se popular em todos os Vales de Ohio e Mississípi, e ele construiu um comércio lucrativo que demandou o emprego de 25 artesãos brancos e Negros. Outros Negros empreendedores como Boyd deram ao indivíduo Negro de Cincinnati um aspecto de progresso antes da Guerra Civil maior do que o de que tem hoje. O Negro tem menos chance hoje do que há um século?

Há cerca de trinta anos, conheci uma velha senhora Negra em Gordonsville, Virgínia, que ofereceu ao mundo algo novo com sua fritura de frango. Ela descobriu a arte de preparar o frango de uma maneira que outras pessoas não conseguiam, e ganhava a vida vendendo seus excepcionais bolinhos de frango fritos nas janelas dos vagões quando os trens paravam na estação. Homens e mulheres bem de vida de ambas as raças deixariam o trem Pullman com seu moderno restaurante acoplado e sairiam e abasteceriam a si mesmos e seus amigos com os almoços feitos com bom gosto por essa velha senhora.

Outra mulher Negra que vive em Colúmbia, Missouri, não faz muito, deu ao mundo uma nova ideia. Ela tinha aprendido a cozinhar, especialmente assados, mas não viu nenhuma oportunidade excepcional na aplicação usual do comércio. Depois de estudar sua situação e o ambiente em que tinha de viver, ela descobriu um esquema para popularizar seus saborosos biscoitos de batata-doce com a massa que ela inventou, mais bem batida que todas as outras; e as pessoas de ambas as raças andavam uma boa distância até sua casa para saborear esses deliciosos biscoitos. Dessa forma, ela tornou independentes a si mesma e a seus parentes.

É assim que as fortunas são feitas, mas os Negros, que, conscienciosos, estão fazendo o seu melhor para ascender no meio econômico, não seguem os nobres exemplos daqueles que tiveram menos oportunidades do que temos hoje. Passamos muito tempo em imitação escravizada, mas nossos amigos brancos atacam em novas linhas. Quase todas as grandes fortunas na América foram feitas dessa forma.

John D. Rockefeller não se estabeleceu em vida para imitar Vanderbilt. Rockefeller viu sua oportunidade no desenvolvimento da indústria petrolífera. Carnegie tinha melhor senso do que imitar Rockefeller, pois essa tarefa já estava bem feita, e ele consolidou os lucros do aço. Henry Ford sabia que não deveria dedicar-se ao que Carnegie havia explorado, pois parecia haver uma possibilidade ainda maior de realização industrial em dar ao mundo a facilidade de transporte barato num carro de baixo preço.

Embora tenhamos de nos envolver primeiro com as coisas materiais, não devemos nos ater a elas como fins em si mesmas. Na aquisição destas, estabelecemos as bases para as coisas maiores do espírito. Um homem pobre devidamente direcionado consegue escrever um poema mais bonito do que aquele que está saciado. O homem da choupana compõe uma canção mais encantadora do que o homem do palácio. O pintor do gueto tem inspiração para um retrato mais marcante do que seu senhorio pode apreciar. O escultor mal nutrido vive mais tempo e com mais abundância do que o milionário que compra a expressão de seu pensamento em mármore e bronze. Para o Negro, então, a porta da oportunidade está bem aberta. Deixe-o se preparar para ingressar nesse campo onde a competição não é uma desvantagem. Em tal esfera ele pode aprender a liderar o mundo enquanto acompanha o mundo no desenvolvimento das coisas materiais da vida.

XVI. O NOVO TIPO DE PROFISSIONAL EXIGIDO

Os Negros devem buscar ensino profissional por todas as razões pelas quais membros de outra raça devem se empenhar, e também para dar conta do chamado particular para servir o mais humilde de sua raça. No caso do direito, devemos parar de abrir exceções por causa das possibilidades de fracasso decorrentes do preconceito contra o advogado Negro e da falta de empresas Negras para requerer seus serviços. Os Negros devem passar a ser como cavalheiros ingleses, que estudam a lei do país não por pretenderem exercer a profissão, mas porque todo cavalheiro deve conhecer a lei. Na interpretação da lei pelos tribunais, também, todos os direitos dos Negros neste país estão envolvidos, e um número maior de Negros deve se qualificar para este importante serviço. Talvez tenhamos advogados errados demais, mas não temos o suficiente de profissionais corretos.

O advogado Negro tende a seguir os passos do profissional branco médio e não desenvolveu o poder que poderia adquirir se soubesse mais sobre as pessoas a quem ele deveria servir e os problemas que elas têm de enfrentar. Esses elementos não fazem parte da lei em si, mas determinam em grande parte se o Negro vai ou não exercer a advocacia e o sucesso que ele vai ter na profissão. O fracasso em dar atenção a essas coisas muitas vezes justifica a queda de muitos advogados Negros.

Existem, além disso, certos aspectos do direito aos quais o homem branco dificilmente se dirigirá, mas aos quais o Negro deve dar uma atenção especial. É de importância essencial para o Negro compreender as deturpações que se fazem a respeito dos Negros nos registros criminais e as distinções raciais nas leis das nações modernas. Essas questões requerem um estudo sistemático dos princípios da lei e dos procedimentos legais e, além disso, um estudo mais aprofundado dos problemas jurídicos à medida que o advogado Negro os enfrenta na vida. Isso oferece à faculdade de direito Negra uma oportunidade excepcional.

Como nossos advogados não dão atenção a esses problemas, muitas vezes, fracassam em uma crise. Eles estão interessados na raça e querem defender sua causa. O caso, contudo, requer não apenas o espírito altruísta que eles às vezes manifestam, mas muito mais entendimento dos princípios legais envolvidos. Nada ilustra melhor isso do que o fracasso de um de nossos advogados em se enquadrar no caso levado à Suprema Corte dos Estados Unidos de Oklahoma para verificar a legitimidade da exclusão de Negros dos trens ferroviários Pullman. A mesma crítica pode ser feita ao caso de segregação do Distrito de Colúmbia apresentado a este tribunal mais elevado por outro advogado Negro. Em ambos os casos, os advogados começaram errados e, portanto, terminaram errados. Eles não tinham o conhecimento necessário para apresentar seus casos de forma adequada ao tribunal.

Nossos advogados devem aprender que os juízes em si não são advogados, pois eles devem decidir sobre o mérito do que lhes é apresentado. Não é tarefa dos juízes emendar suas alegações ou decidir seus casos de acordo com suas boas intenções. Com certeza, tal generosidade não pode ser esperada de tribunais preconceituosos que estão à procura de todas as brechas possíveis para escapar de uma decisão leal sobre os direitos dos Negros garantidos pela constituição. Esses assuntos requerem estudo avançado e pesquisa meticulosa; mas nossos advogados, via de regra, não estão interessados nesse tipo de exercício mental.

As faculdades de medicina Negras tiveram uma oportunidade muito melhor que as poucas faculdades de direito para Negros que atuaram na preparação profissional de Negros. Por conta do contato racial que se requer dos médicos brancos, muitas vezes, indesejosos de manter esse tipo de relação com os Negros, os médicos e dentistas Negros têm uma chance melhor entre seu povo do que os advogados Negros; e a demanda pelos serviços dos primeiros garante uma renda maior do que os advogados Negros estão acostumados a ganhar. Mas, apesar dessa oportunidade melhor, as instituições médicas Negras e seus diplomados fizeram pouco mais do que outras para solucionar os problemas peculiares que confrontam a raça Negra.

Há muitos Negros que entram na medicina e na odontologia com propósitos meramente egoístas, na esperança de aumentar sua renda e gastá-la com uma vida feliz. Eles têm a ambição de possuir automóveis finos, de se vestir lindamente e de figurar de forma conspícua na sociedade. A prática dessas profissões entre os Negros pobres produz esses resultados. Por que não ser médico ou dentista, então?

Muitos de nossos médicos são como um profissional que eu visitei pouco tempo atrás na cidade de Nova York. "Quando o ouvi subindo as escadas", disse ele, "comecei a ficar feliz, pois tinha certeza de que você era outro paciente de quem eu poderia tirar pelo menos dois dólares por uma receita."

Ainda assim, alguém poderia se perguntar como aquele médico conseguiria prosperar em sua profissão, pois ele não tinha nenhum equipamento especial para a prática de quaisquer tipos de fases avançadas da medicina. Quase tudo que ele podia fazer era olhar para a língua do paciente, sentir seu pulso, fazer algumas perguntas, escrever uma receita e cobrar a taxa. Ele não tinha o aparato necessário para o tratamento de doenças graves utilizado atualmente, e parecia não pretender ter.

Os Negros de hoje precisam muitíssimo de médicos que, em seu trabalho, sejam fiéis ao que lhes é ensinado na escola e construam seus alicerces tanto com base na experiência como por meio do aperfeiçoamento. Em sua posição segregada no gueto, o problema de saúde do Negro apresenta mais dificuldades do que o dos brancos que estão em outras circunstâncias. A longevidade do Negro depende em parte do suprimento de médicos e enfermeiros Negros que se dedicarão de forma abnegada à solução desse problema específico. Uma vez que os Negros são forçados a situações indesejáveis e compelidos a habitar bairros infestados de germes, eles não podem escapar do extermínio derradeiro se nossos médicos não os ajudarem a organizar um programa de saúde comunitário que proporcione aos Negros alguma forma de sobreviver.

As escolas médicas Negras e seus diplomados devem proclamar mais a necessidade de melhorar as condições que determinam a saúde e erradicam as doenças. Um grande número de médicos e enfermeiros deve ser treinado, e devem-se encontrar novas oportunidades para eles praticarem. Isso pode ser feito por meio de melhorias na produção dessas escolas e com a extensão de hospitais entre os Negros, que foram negligenciados por tanto tempo. Nesta campanha, no entanto, os médicos Negros devem fornecer a liderança, e outros devem se juntar a eles nesses esforços.

Também nas escolas de medicina devemos ter Negros com um programa de pesquisa médica. Hoje o mundo se inclina a dar atenção à saúde do Negro, pois as condições insalubres da raça implicarão na perda da saúde entre brancos. Os filantropos, entretanto, mal sabem como proceder ou que caminho seguir, porque eles têm negligenciado os Negros por tanto tempo que não conseguem provisioná-los de um modo correto; e os próprios médicos Negros deixaram de dar atenção adequada a essas condições. Os estudantes Negros de medicina não deram atenção suficiente ao passado pré-Guerra Civil do Negro, que, ainda sob essa influência, entrega-se a práticas supersticiosas e religiosas que impedem o progresso da medicina entre eles. É de surpreender até que ponto a medicina primitiva é praticada entre os Negros americanos hoje. É comum que, nos distritos rurais, eles raramente consultem um médico. A parteira e o fitoterapeuta controlam a situação.

O maior problema que agora aguarda solução é a investigação dos diferenciais da resistência das raças a doenças. Quais são as doenças às quais os Negros são mais suscetíveis que os brancos? Quais são as doenças às quais os brancos são mais suscetíveis que os Negros? O Negro escapa da febre amarela e da gripe, mas o branco pode morrer. O homem branco aguenta bem a sífilis e a tuberculose, mas o Negro que sofre dessas doenças sucumbe com mais facilidade. Essas questões oferecem um campo convidativo de pesquisa para estudantes Negros de medicina.

Embora ouçamos muito sobre medicina, direito e coisas semelhantes, sua importância não deve ser indevidamente enfatizada. Com certeza, os homens não deveriam se aglomerar nesses meios para ganhar dinheiro, mas todas as profissões entre os Negros, exceto as de ensino e pregação, são desfalcadas. Todos os Negros com profissões constituem menos de 2,5% das pessoas com mais de 10 anos de idade que têm emprego remunerado. Por outro lado, os brancos encontram algumas de suas profissões abarrotadas de profissionais, e alguns de seus praticantes não poderiam existir sem o patrocínio dos Negros.

Os Negros também devem se submeter a um treinamento sistemático para as profissões nas quais demonstraram aptidão especial, como nas artes. Eles não devem esperar que os americanos aprovem seu mergulho em mares desconhecidos. O mundo não é circunscrito aos Estados Unidos, e o Negro deve se tornar um pioneiro no uso de uma porção maior do universo. Se as pessoas aqui reconhecem o Negro nesses meios, que ele busque uma audiência nos círculos liberais da Europa. Se ele desenvolve alguma arte, os europeus irão apreciá-la e assegurar a ele o sucesso em campos proibidos. Na Europa, note-se, o artista Negro não é desejado, mas um mero imitador. Os europeus vão reconhecê-lo no papel de um artista ilustre que retrata a vida de seu povo. Como disse um abolicionista inglês há mais de um século, "o retrato do Negro raramente foi desenhado a não ser pelo lápis de seu opressor, e o Negro o aceitou na atitude desfigurada da escravidão". Um novo método de abordagem, entretanto, agora é possível. Houve um despertar na Europa para a compreensão do significado da cultura africana, e os círculos sociais de lá querem ver essa vida retratada pelo Negro, que pode vê-la em seu interior. Há uma filosofia nele que o mundo deve entender. De sua contemplação pode surgir um novo programa social. Aqui há oportunidade do artista Negro como um reformador mundial? Ele vai enxergar isso e prosperar, ou continuará imitando os outros até morrer?

XVII. MAIORES ESFORÇOS NO SERVIÇO AO PAÍS

O Negro também precisa de uma nova figura na política, alguém que não se preocupe tanto com o que os outros podem fazer por ele, mas com o que ele pode fazer por si mesmo. Ele deve saber o suficiente sobre o sistema de governo para não levar seus problemas aos funcionários federais e, assim, confessar-se um fracasso na comunidade em que vive. Ele deve saber que sua liberdade da escravidão e do linchamento é determinada na medida em que ele pode se tornar um cidadão digno e impressionar sua comunidade.

O novo Negro na política não será tão imprudente a ponto de se juntar às delegações ignorantes de conferências e convenções que organizam peregrinações anuais à Casa Branca para reclamar ao presidente porque eles fracassaram social e economicamente em atender às demandas de autopreservação.

O novo Negro na política deve compreender de forma clara que, em última análise, os funcionários federais nada podem fazer a respeito desses assuntos dentro dos poderes dos Estados, e não deve aceitar ser recebido com frieza e tratado com desprezo como esses ignorantes enganadores da raça Negra têm sido desde tempos imemoriais. O novo Negro na política, então, apelará para os seus e para os amigos de outras raças em sua localidade que acreditam na justiça social. Se ele fizer algo por si mesmo, os outros farão mais por ele.

O crescente vigor da raça, então, não será desperdiçado em lutas partidárias em prol do interesse dos opressores dos Negros. Não deveria ser possível para os chefes políticos induzir algum Negro na comunidade a abandonar seu emprego fixo para ajudar a ele e a sua laia a executar algum programa para os propósitos egoístas daqueles que planejaram um determinado esquema. Não deveria ser possível para os políticos distribuir fundos a uma taxa de cinquenta ou cem dólares por cabeça entre os ministros proeminentes e a eles e a suas congregações em violentas lutas partidárias. É muito vergonhoso que alguns ministros recorram à religião como uma camuflagem para ganhar influência nas igrejas apenas para usar tal poder para fins políticos egoístas.

O Negro deve se esforçar para ser uma figura na política, não uma ferramenta para os políticos. Este papel superior pode ser desempenhado se não estacionarem todos os votos da raça em um lado da cerca, como tanto Negros quanto brancos fizeram no Sul, mas por ação independente. O Negro não deve censurar o Partido Republicano por esquecê-lo nem deve culpar o Partido Democrata por se opor a ele. O Sul também não pode culpar ninguém, que não a si mesmo, por seu isolamento na política nacional. Todas as pessoas que votarem da mesma forma por três gerações, sem obter resultados, devem ser ignoradas e privadas de direitos.

Como elemento minoritário, o Negro não deve bater à porta de nenhum partido político em particular; ele deveria apelar para os próprios Negros e deles deveria vir harmonia e ação combinada para um novo avanço para a maior liberdade dos homens. O Negro deve usar seu voto em vez de dá-lo como recompensa aos mortos por alguns favores feitos no passado distante. Ele deve clamar não pelos poucos cargos designados como empregos para Negros, mas pelo reconhecimento dessas pessoas desprezadas como homens, de acordo com as disposições da Constituição dos Estados Unidos.

Os poucos cargos estaduais e nacionais antes reservados aos Negros tornaram-se insignificantes quando comparados com as muitas posições altamente lucrativas agora ocupadas pelos Negros como resultado de seu desenvolvimento em outras esferas. Às vezes, um Negro proeminente na educação, nos negócios ou na vida profissional pode ganhar mais em poucos meses do que os políticos mais bem-sucedidos podem ganhar em anos. Esses empregos políticos, além disso, diminuíram nos últimos anos porque o aumento do preconceito racial, que essa política sem dúvida favoreceu, fornece aos líderes políticos uma desculpa para não conceder nada adicional a seus colegas Negros.

O novo Negro na política deve aprender algo que os velhos "guardiões" nunca foram capazes de perceber, isto é, não só que os poucos cargos atribuídos aos Negros são insignificantes, mas que, ainda que o Negro recebesse uma parte proporcional dos espólios, a raça não pode esperar resolver nenhum problema sério mudando a sina da política. A política real, a ciência do governo, está profundamente enraizada na base econômica da ordem social. Para figurar com grandeza na política, o Negro deve ser uma grande figura em seu meio. Uma classe de pessoas pouco acima da pobreza, portanto, nunca tem muita influência nos círculos políticos. O Negro deve desenvolver caráter e valor que o tornem desejável em todos os lugares, para que não tenha de bater às portas dos partidos políticos, mas que elas estejam bem abertas para ele.

O novo Negro na política não deve pedir dinheiro ao partido, não deve se deixar contratar por uma ninharia para convencer os eleitores. Ele deve contribuir para a campanha do partido que o agrada, em vez de recorrer a ele para obter uma mesada e não morrer de fome durante os três meses de campanha política. Será considerado um golpe de sorte que um Negro de tal influência e caráter tenha se aliado a um partido, e esse fato falará com eloquência à base a que pertence.

Além disso, o novo Negro na política não deve ser um político. Ele deve ser um homem. Ele deve tentar dar algo ao mundo, em vez de extrair algo dele. O mundo, como ele deveria saber, não lhe deve nada, com certeza não um cargo político; e ele não deve tentar apenas assegurar um cargo, e assim desperdiçar anos valiosos que poderiam ser devotados ao desenvolvimento de algo de valor duradouro. Se ele assumir um cargo público, deve ser um sacrifício, porque seu valioso tempo será requerido em outro lugar. Se o país precisar dele em uma posição civil, ele poderá responder ao chamado por uma questão de dever, pois sua utilidade estará assegurada de outra forma. Desse Negro, então, podemos esperar bons conselhos, orientação inteligente e esforço construtivo para o bem de todos os membros de nossa população. Quando tais Negros assumirem seus cargos públicos, não serão encontrados especializando-se em coisas que dizem respeito peculiarmente aos Negros, oferecendo apenas projetos de lei antilinchamento e medidas de pensionamento para libertos. O novo Negro na política verá sua oportunidade não em restringir-se dessa forma, mas em visualizar toda a ordem social e econômica com sua raça como parte dela. Ao trabalhar para o benefício de todos, como incitado por sua mente liberal, o novo Negro fará muito mais para reunir os elementos para o bem comum do que será capaz de fazer tagarelando apenas sobre os males de seu cantinho particular e estendendo a mão para uma gorjeta.

Ao sugerir aqui a ascensão do novo Negro na política, o autor não tem em mente os chamados Negros radicais que leram e entenderam errado Karl Marx e seus discípulos e resolveriam os problemas políticos e econômicos da raça com a aplicação imediata desses princípios. A história mostra que, embora um grande número de pessoas de fato tenha tentado realizar sonhos tão agradáveis, elas acabaram voltando para um programa social baseado na competição. Se não há quem vá aproveitar os frutos de seu excepcional trabalho mais do que o indivíduo que não está preparado para prestar tal serviço, nem um em mil será suficientemente humanitário para se mexer e alcançar coisas importantes. E a força usada neste caso para estimular tal ação foi sempre avariada. Se os brancos animados que estão trazendo para os Negros essas doutrinas estranhas são insanos o suficiente para acreditar nelas, os próprios Negros deveriam aprender a pensar, antes que seja tarde demais.

A História mostra que não importa quem esteja no poder ou quais forças revolucionárias assumam o controle do governo, aqueles que não aprenderam a fazer por si próprios e dependem exclusivamente de outros nunca obtêm mais direitos ou privilégios no final do que tinham no início. Mesmo que a esperada convulsão social venha, o Negro estará mais bem preparado para cuidar de si mesmo na reconstrução subsequente se desenvolver o poder de ascender a uma posição mais elevada depois que o povo radicalmente democrático tiver se recuperado de sua pândega em uma utopia impossível.

Dizer que o Negro não pode se desenvolver a contento no mundo dos negócios para ficar em pé de igualdade com os capitalistas de hoje é negar os fatos reais, refutar a história e desacreditar o Negro como um competidor capaz na batalha econômica da vida. Nenhum homem sabe o que pode fazer até que tente. A raça Negra nunca tentou fazer muito por si mesma. Essa raça tem grandes possibilidades. Despertado da forma apropriada, o Negro pode fazer o suposto impossível no mundo dos negócios e, assim, ajudar a governar, em vez de ser meramente governado.

No fracasso em enxergar isso e na defesa da destruição de toda a ordem econômica para corrigir os erros sociais, vemos de novo a tendência do Negro de recorrer a alguma força externa para fazer por ele o que ele deve aprender a fazer por si mesmo. O Negro precisa radicalizar, e a raça nunca vai se importar com nada até que isso aconteça, mas esse radicalismo deve vir de dentro. O Negro será muito tolo se recorrer a medidas extremas em favor de movimentos estrangeiros antes de aprender a sofrer e morrer para consertar seus próprios erros. Não há movimento no mundo do trabalho especialmente para o Negro. Ele deve aprender a fazer isso por si mesmo ou será exterminado da mesma maneira que o indígena americano enfrentou sua condenação no sol poente.

Por que o Negro deveria esperar por alguém de fora para instá-lo à autoafirmação quando se vê roubado por seu empregador, defraudado por seu comerciante e silenciado por agentes governamentais da injustiça? Por que esperar por um impulso para a ação quando ele encontra sua masculinidade insultada, suas mulheres ultrajadas e seus semelhantes linchados por diversão? Os Negros sempre tiveram razões suficientes para serem radicais, e parece bobo vê-los assumindo a causa de outros que fingem estar interessados no Negro quando pretendem apenas usar a raça como um meio para um fim. Quando o propósito desejado desses supostos grupos simpatizantes tiver sido atendido, eles não verão mais uso para o Negro e o abandonarão como a máquina republicana o fez.

Os radicais apresentam, também, o argumento de que o Negro, sendo de um grupo minoritário, sempre será dominado por outros. Do ponto de vista dos elementos egoístas, isso pode ser verdade, e certamente tem funcionado assim por algum tempo; mas as coisas nem sempre acontecem de acordo com cálculos matemáticos. Na verdade, os desenvolvimentos significativos da História nunca foram determinados assim. Apenas o temporário e o trivial podem ser assim previstos. O fator humano é sempre difícil de ser avaliado pelo materialista e as profecias do alarmista muitas vezes são tristes. Por que devemos esperar menos no caso do Negro?

XVIII. O ESTUDO DO NEGRO

Os fatos tirados de uma experiência de mais de vinte anos permitem-nos fazer certas deduções a respeito do estudo do Negro. Apenas um Negro em cada dez mil está interessado no esforço de expor o que sua raça pensou, sentiu, tentou e realizou para que não se torne um fator desprezível no pensamento do mundo. Por tradição e pelo sistema de educação, no entanto, a grande maioria dos Negros se interessou pela história e pelo status de outras raças, e eles gastam milhões todos os anos para promover esse conhecimento. Junto a essa soma, é claro, deve ser considerada a grande quantia paga por artifícios na tentativa de não serem Negros.

A principal razão pela qual tantos dão tão pouca atenção aos antecedentes do Negro é a crença de que este estudo é desimportante. Eles consideram história apenas feitos como os de Mussolini, que, depois de construir uma máquina de guerra eficiente com a ajuda de outros europeus, agora deverá usá-la para assassinar africanos desarmados e indefesos que se ativeram exclusivamente a cuidar de seus próprios negócios. Se Mussolini tiver sucesso em esmagar a Abissínia, ficará registrado na "história" entre os césares, e os volumes escritos em louvor ao conquistador chegarão às casas e bibliotecas de milhares de Negros (des)educados. O opressor sempre doutrinou os fracos com essa interpretação dos crimes dos fortes.

Os senhores da guerra fizeram o bem apenas de forma acidental ou incidental enquanto procuravam fazer o mal. Os movimentos que melhoraram a condição da humanidade e estimularam o progresso foram iniciados por homens de pensamento que elevaram seus companheiros do trabalho penoso para a comodidade e o conforto, do egoísmo para o altruísmo. O Negro pode muito bem se regozijar porque suas mãos, ao contrário das mãos de seus opressores, não estão manchadas com tanto sangue extraído pela força bruta. A história real não é o registro dos sucessos e decepções, vícios, loucuras e querelas daqueles que se empenham em contendas pelo poder.

A Associação para o Estudo da Vida e História do Negro projeta-se no fato de que não há nada no passado do Negro mais vergonhoso do que o que se encontra no passado de outras raças. O Negro é tão humano quanto os outros membros da família da humanidade. O Negro, como outros, muitas vezes se levantou; e muitas vezes caiu. Com a domesticação de animais, a descoberta do ferro, o desenvolvimento de instrumentos de cordas, um avanço nas artes plásticas e a inauguração de julgamento por júri a seu favor, o Negro se destaca tanto quanto os outros na contribuição para o progresso do mundo.

O opressor, porém, levanta a voz em contrário. Ele ensina ao Negro que ele não teve um passado digno, que sua raça não fez nada de significativo desde o início dos tempos e que não há evidências de que ele alcançará algo grandioso. A educação do Negro, então, deve ser cuidadosamente dirigida a fim de que a raça não perca tempo tentando fazer o impossível. Leve o Negro a acreditar nisso e, assim, controle seu pensamento. Se, desse modo, você puder determinar o que ele vai pensar, não precisará se preocupar com o que ele vai fazer. Você não precisará mandá-lo sair pela porta dos fundos. Ele sairá sem que lhe peçam; e, se não houver porta dos fundos, ele vai instalar uma para seu benefício especial.

Se você ensinar ao Negro que ele alcançou tanto quanto qualquer outra raça, ele vai aspirar à igualdade e à justiça sem levar em conta a raça; esse esforço perturbaria o programa do opressor na África e na América. Manifeste ao Negro, então, seus crimes e suas deficiências. Permita que ele aprenda a admirar os hebreus, os gregos, os latinos e os teutônicos. Leve o Negro a detestar o homem de sangue africano — odiar a si mesmo. O opressor poderá então conquistar, explorar, oprimir e até aniquilar o Negro por meio da segregação sem medo ou temor. Com a verdade oculta, haverá pouca expressão de pensamento em contrário.

O Negro americano adquiriu uma abundância de informações que outros tornaram acessíveis aos oprimidos, mas ainda não aprendeu a pensar e planejar para si mesmo como os outros fazem por si mesmos. Esta raça pode muito bem ser referida como o povo mais dócil e tratável da Terra. Isso significa apenas que, uma vez que opressores dão a partida na grande maioria da raça em direção a servir aos propósitos de seus críticos, a tarefa se torna tão fácil nos anos seguintes que eles têm poucos problemas com as massas assim controladas. É um sistema muito satisfatório, e se tornou tão popular que as nações europeias de visão estão enviando algumas de suas mentes mais brilhantes aos Estados Unidos para observar o Negro em "inação", a fim de aprender como lidar da mesma forma com os Negros de suas colônias. Aquilo que satisfez o Negro na América será aceito como a medida do que deveria ser destinado a ele em outro lugar. Certos europeus consideram a "solução do problema racial nos Estados Unidos" uma de nossas grandes conquistas.

O Negro (des)educado se junta à oposição com a objeção de que o estudo do Negro mantém vivas questões que deveriam ser esquecidas. O Negro deve deixar de lembrar que já foi escravizado, que foi oprimido e até que é Negro. Os críticos, entretanto, mantêm perante o público os aspectos dessa história que justificarão a atual opressão da raça. Pareceria, então, que o Negro deve enfatizar ao mesmo tempo os aspectos favoráveis para justificar a ação em seu favor. Não se pode culpar o Negro por não desejar ser lembrado como tipo de criatura tal como representada pelo opressor; mas essa mesma atitude mostra ignorância do passado e uma dependência servil do inimigo, servindo a quem o quer destruir. O Negro só pode se orgulhar de seu passado abordando-o de forma científica e mostrando ao mundo sua história. O que outros têm escrito sobre o Negro durante os últimos três séculos tem o principal propósito de conduzi-lo aonde ele está hoje e lá o manter.

O método empregado pela Associação para o Estudo da Vida e da História dos Negros, no entanto, não é uma propaganda espetacular ou uma agitação inflamada. Não se consegue nada dessa maneira. "Aquele a quem os deuses querem destruir, primeiro deixam-no louco". O Negro, seja na África ou na América, deve ser direcionado a um exame sério da forma como lhes foram expostos os fundamentos da educação, religião, literatura e filosofia. Ele deve ser esclarecido o suficiente para determinar por si mesmo se essas forças entraram em sua vida para abençoá-lo ou abençoar o opressor. Depois de aprender os fatos no caso, o Negro deve desenvolver o poder de execução para lidar com esses assuntos, assim como fazem as pessoas de visão. Problemas de grande importância não podem ser resolvidos em um dia. Questões de grande significação devem ser tratadas com planos de longo alcance.

A Associação para o Estudo da Vida e História dos Negros está ensinando o Negro a exercitar a perspectiva em vez da "retrospectiva". A Libéria não deve esperar até que seja oferecida à Alemanha antes de perceber que ela tem poucos amigos na Europa. A Abissínia não deve esperar até ser invadida pela Itália antes de se preparar para a legítima defesa. Um estudo científico do passado das nações modernas mostraria essas tendências egoístas como resultados inevitáveis de suas políticas para lidar com aqueles que se comprometeram a elevar. Por exemplo, grande parte da África foi conquistada e subjugada para salvar almas. Quão cara foi a salvação do Negro! Um dos fortes argumentos a favor da escravidão era que ela conduzia o Negro à luz da salvação. E ainda assim o Negro de hoje não está nada além de perdido.

A Associação para o Estudo da Vida e História dos Negros, no entanto, não tem nenhuma marca especial para a solução do problema racial a não ser ensinar a pensar. Nenhum programa geral de elevação para os Negros em todas as partes do mundo será mais bem-sucedido do que tal procedimento seria no caso de membros de outras raças em circunstâncias diferentes. O que vai ajudar um Negro no Alabama pode ser prejudicial para um Negro no Maine. O Negro africano pode ver seu progresso retardado aplicando "métodos usados para a elevação do Negro na América". Um homem pensante, no entanto, aprende a lidar sabiamente com as condições tal como as encontra, em vez de receber ordens de alguém que não sabe nada sobre seu status e pouco se importa. Atualmente, o Negro, tanto na África quanto nos Estados Unidos, está se tornando, aqui e lá, um experimento feito pelos chamados amigos, que, no fim das contas, apenas ajudam o Negro a permanecer no escuro.

Na continuidade do programa de adoção desapaixonada dessas questões, a Associação disponibilizou um esboço para o estudo sistemático do Negro, da forma como ele tocou a vida dos outros e como os outros têm funcionado em sua relação com ele, *O perfil dos antecedentes dos africanos: Um manual*. Este livro é escrito do ponto de vista da história, literatura, arte, educação, religião e do imperialismo econômico. Em dezessete capítulos, na Parte I da obra apresenta-se um breve resumo do passado na África; seguem-se como Parte II cursos sobre "O Negro na África", "O Negro na Mente Europeia", "O Negro na América", "O Negro na Literatura", "O Negro na Arte", "A Educação do Negro", "O Desenvolvimento Religioso do Negro" e "Imperialismo Econômico", com amplo comentário bibliográfico para cada título e subtítulos desses perfis. Isso facilita a tarefa dos clubes, das sociedades de moços e das classes especiais organizadas onde os opressores da raça e os Negros que cooperam com eles estão determinados a admitir que a história e o estatuto do Negro não devem fazer parte dos currículos.

Neste esboço não há animosidade, nada para engendrar ódio racial. A Associação não traz essas publicações. O objetivo dessa organização é expor fatos de forma científica, pois os fatos devidamente estabelecidos contarão sua própria história, pois nenhuma vantagem pode ser obtida apenas inflamando a mente do Negro contra seus críticos. Dessa forma, eles merecem ser parabenizados por cuidar de seus próprios interesses tão bem. O Negro precisa ficar revoltado consigo mesmo porque ele não lidou com seus próprios assuntos de forma sábia. Em outras palavras, o Negro deve aprender com os outros como cuidar de si mesmo nessa provação. Ele não deve permanecer satisfeito em admitir o que os outros lhe reservaram e também não deve admitir os que vieram disfarçados de amigos para submeter mesmo essa informação limitada a mais interpretações erradas.

APÊNDICE

MUITO BARULHO POR UM NOME

Um participante que, não faz muito tempo, compareceu a uma reunião histórica desejou levantar uma questão sobre como a raça deveria ser chamada. Africanos, negros, pessoas não brancas ou o quê? Este é um assunto que o preocupa muito porque ele espera, assim, resolver o problema racial. Se outros concordarem em chamar os Negros de nórdicos, ele pensa, será alcançado o fim desejado tomando um atalho.

Isso pode soar quase insano, mas existem muitos Negros com "educação superior" que acreditam que tal coisa pode ser realizada por meio dessa mudança na terminologia; e eles têm gastado tempo e energia tentando levar a efeito uma mudança. Muitos dessa classe sofrem psicologicamente por causa do uso frequente de "expressões ofensivas" ao se dirigir aos Negros. Ao lidar com eles, então, há de se ter muito cuidado. Por essa razão, nossos amigos de outras raças têm de buscar orientação ao nos abordar. Por exemplo, Lady Simon, esposa de Sir John Simon, do Gabinete Britânico, perguntou recentemente a um Negro americano como seu povo prefere ser chamado, e mais tarde na Inglaterra ela abordou o mesmo assunto com outro membro desta raça. Sendo uma defensora da liberdade, ela escreveu para promover sua causa com muita consideração. Ela não gostaria de usar em suas obras, portanto, uma expressão que pudesse ferir os sentimentos de alguém.

Embora seja uma estudante de questões sociais, essa mulher erudita não consegue compreender a psicologia peculiar. Os americanos também têm dificuldade de compreendê-la, a menos que a "mente do Negro com educação superior" tenda a se preocupar com frivolidades em vez de se preocupar com os grandes problemas da vida. Conhecemos Negros que pedem uma Associação Cristã de Moços/Moças (ACM) separada, uma igreja separada ou uma escola separada, e então se opõem a chamá-la de instituição Negra ou não branca. Esses segregacionistas transigiram a princípio, mas não estão dispostos a reconhecer seu crime diante da justiça. Eles acham que o nome vai salvá-los da desgraça.

Não importa tanto como a coisa é chamada, mas o que a coisa é. O Negro não deixaria de ser o que é se fosse chamado de outra coisa; mas, se ele lutar e fizer algo por si mesmo e contribuir para a cultura moderna, o mundo aprenderá a considerá-lo um americano, em vez de um elemento subdesenvolvido da população.

A palavra Negro ou preto é usada para se referir a esse elemento específico porque a maioria das pessoas de ascendência africana se aproxima dessa cor. O termo não implica que todo Negro seja preto; e a palavra branco não significa que todo homem branco seja realmente branco. Os Negros podem ter diferentes tons, mas muitos caucasianos são cientificamente classificados como pessoas não brancas. Nem todos nós somos africanos porque, além de tudo, muitos de nós não nascemos na África; e não somos todos afro-americanos, porque poucos de nós são nativos da África transferidos para a América.

Não há nada a ganhar fugindo do nome. Os nomes de praticamente todas as raças e nações às vezes têm uma conotação de insignificância e baixo status social. Anglos e saxões, outrora escravos dos romanos, vivenciaram isso; e até mesmo o nome do grego por um tempo não significou mais do que isso para esses conquistadores do mundo. As pessoas que levaram esses nomes, no entanto, os tornaram grandes e ilustres. O Negro deve aprender a fazer o mesmo.

É estranho, também, que, enquanto o Negro se envergonha de seu nome, as pessoas no exterior geralmente não pensam da mesma forma. É possível encontrar na Europa certo número de indígenas ocidentais e Negros americanos com algum sangue caucasiano que não querem ser conhecidos como Negros. Como regra, no entanto, um europeu de sangue negro africano sente orgulhoso dessa herança racial e se delicia em ser chamado como tal. Eu presenciei um caso notável disso em Londres com a neta de um chefe zulu. Ela está tão distante do tipo africano que poderia ser confundida com uma espanhola facilmente; e ainda assim ela pensa apenas em sua conexão africana e obtém sua inspiração principalmente da história de seu povo além das Colunas de Hércules.

Fiquei agradavelmente surpreso alguns dias depois, também, quando conheci um proeminente parisiense com a mesma atitude. Ele produziu vários volumes em que defende a causa do Negro porque tem nas veias o mesmo sangue. Uma mulher europeia abastada, filha de um holandês e de uma mãe africana, está igualmente entusiasmada com seu sangue Negro. A primeira coisa que ela mencionou ao conversar comigo foi a sua mãe Negra. Essa jovem expressou o pesar de não ter mais dessa cor para que ela, também, pudesse dizer, assim como membros de certos grupos da África, "Eu sou preta e graciosa. Eu sou preta e linda. Eu sou lindamente preta.".

Essas pessoas surpreendem quando você pensa na atitude de muitos Negros americanos sobre essa questão. Essas pessoas com consciência de raça podem pensar, mas raramente o Negro americano se permite tal exercício. Ele permitiu que outras pessoas determinassem para ele a atitude que ele tem para com o próprio povo. Isso significa a escravidão de sua mente e, ao final, a escravidão de seu corpo.

Alguns europeus preferem considerar a palavra Negro romântica. Caminhando agora pelas ruas de Paris, podem-se ver anúncios de lugares como "l'Elan Noir"[10] e o "Café au Nègre de Toulouse".[11] Em um desses casos, eu fui especialmente atraído pelo "Choppe du Nègre",[12] e jantei lá um dia. A cozinha era excelente, a música tocada pela orquestra era encantadora, e um grupo animado veio se divertir. No entanto, eu era o único "Nègre" lá.

Caminhando por uma rua em Genebra, não faz muito tempo, minha atenção foi atraída para algo do tipo que é ainda mais significativo. Era uma loja de café por atacado chamada "A La Case de l'Oncle Tom". Eu entrei e perguntei: "Por que você deu esse nome a esta loja?". A proprietária riu e explicou que seu avô, François Prudhom, que havia lido *A cabana do pai Tomás* e ficara profundamente impressionado com o livro, escolheu esse nome para a loja quando a fundou em 1866.

O VALOR DA COR

Não faz muito tempo, eu vi em um bonde uma das mulheres mais bonitas do mundo. Ela era uma mulher perfeitamente preta vestida com elegância, num tom de cinza adequado e com adornos modestos que harmonizavam com sua cor. Ela era naturalmente uma figura dominante, sem qualquer esforço para agradar aos outros, pois sua postura era tal que ela não deixaria de chamar atenção. Eu não consegui me conter e evitar olhar para ela; e, olhando em volta para ver se outras pessoas estavam igualmente interessadas, percebi que os brancos no bonde também a estavam admirando, a ponto de comentarem entre si.

---

10. O Elã Negro. (N.T.)
11. Café Negro de Toulouse. (N.T.)
12. Caneca do Negro. (N.T.)

O bom senso dessa mulher, manifestado em saber como se vestir, havia tornado sua cor um ativo, muito mais que um passivo. Eu me lembrei imediatamente, então, de um grupo na África que se sentiu estranhamente orgulhoso de ser preto. Disseram-nos que são tão afoitos por serem pretos que, se encontrarem um do grupo com tendência a se afastar minimamente dessa cor, vão ao coração da natureza e extraem dela sua tinta mais escura e pintam com ela o rosto daquele nativo, para que ele possa continuar perfeitamente preto.

Aqui na América, porém, temos vergonha de ser pretos. Muitos de nós que somos realmente pretos passamos pó no rosto e nos tornamos azuis. Ao fazê-lo, tornamo-nos no mínimo medonhos, com o arremedo servil daqueles ao nosso redor mantendo nosso costume de imitação. Fracassamos em nos aceitar pelo que realmente somos, e não damos o máximo possível de nós mesmos.

Demonstramos mau gosto na seleção do nosso vestuário. Ansiamos pelo que os outros usam, harmonizando ou não com nossa cor. Eles deram especial atenção ao *design* em relação à sua raça e escreveram livros para esse efeito. Concluindo, no entanto, que o Negro não deve vestir nada além do que os pobres podem conseguir, os artistas não pensaram seriamente nele. Tanto professores quanto alunos de escolas próximas com esse interesse, então, apelam frequentemente a nós por ajuda no estudo do projeto em relação ao Negro, mas não temos nada científico para oferecer a eles. Não temos equipes de artistas que possam funcionar nesse meio.

Para ser capaz de suprir essa necessidade é necessário o esforço mais minucioso para entender cores e esquemas de cores. É uma tarefa muito difícil por causa da variação de cor dentro da corrida. Às vezes, em uma família de dez, você mal encontra dois do mesmo tom. Vesti-los todos iguais pode ser econômico, mas com isso o mundo sente falta de tanta beleza. A mãe Negra, então, precisa ser a verdadeira artista, e as escolas que agora formam os jovens para serem os pais de amanhã devem dar tanta atenção a essas coisas estéticas quanto à linguagem, à literatura ou à matemática.

Ao deixar de se conhecer melhor desse ponto de vista, então, o Negro está cometendo um erro custoso. Ele deve estar profundamente preocupado com as possibilidades estéticas de sua situação. Nesta chamada raça Negra, temos as pessoas mais bonitas do mundo quando se vestem em harmonia com os muitos tons e cores com os quais somos tão ricamente dotados. Por que vamos para longe de casa a fim de encontrar o que já temos em mãos?

Recentemente, viu-se em Washington uma demonstração do valor da cor quando o conclave maçônico encenou um desfile tremendo nessa cidade nacional. Os brancos eram atraídos pelos Negros íntegros e notáveis, tão bem ornamentados em trajes do Oriente. Isso, no entanto, foi acidental. A cor dos Negros era oriental, e as cores dessa encomenda foram originalmente elaboradas para se adequar ao povo daquela região. O branco pálido do caucasiano não harmoniza com tal traje. Por que, então, o Negro deveria se preocupar com o que os outros vestem?

Levando a imitação dos outros ao extremo hoje, não nos encontramos muito adiante dos Negros *antebellum* oprimidos, que, incapazes de se vestir, tinham de pegar o que os outros jogavam para eles. Fazemos um espetáculo medonho, então, quando estamos em desfile de vestidos em nossa atmosfera social. Muitos de nós vestidos com cores impróprias às vezes parecemos cavalos de estimação decorados que foram soltos por mais ou menos uma hora.

Por apreciarem o valor da cor, os artistas das cidades europeias estão tentando mudar sua tonalidade para a das pessoas não brancas. Eles podem entender o quão inexpressivo é o branco morto, e eles estão tentando fazer uso do que estamos procurando esconder. Os modelos em suas lojas são propositalmente coloridos para exibir para bom efeito os belos trajes que requerem cor. Alguns desses europeus dizem com sinceridade aos Negros que os invejam por sua cor.

Não surpreende, então, encontrar cafés europeus e hotéis empregando Negros americanos ou africanos para exibir essa cor que os europeus não têm. Fotos de tais homens pretos são às vezes exibidas com grande efeito. A imagem de Josephine Baker enfeita as vitrines de grandes lojas em Paris. Aqui na América, também, observamos que os centros de arte também estão fugindo do branco esmaecido para desfrutar da riqueza de cor.

Eu me senti um pouco encorajado recentemente quando conversei com uma senhora de Washington que dirige The Pandora, um estabelecimento único dedicado ao *design*. Ao perguntar sobre seu progresso no esforço para ensinar as pessoas não brancas como vestir o que as transforma, ela relatou um sucesso considerável. Às vezes, os clientes insistem em comprar trajes inadequados a eles, mas ela tem mostrado a eles a falta de sabedoria ao fazê-lo, e a maioria deles agora segue seu conselho.

Dessa forma, essa mulher empreendedora não está apenas conduzindo um negócio pioneiro, mas está prestando um serviço social. Ela não teve nenhuma formação especial neste trabalho, mas por sua iniciativa ela está construindo sobre o que aprendeu estudando os Negros em sua comunidade. Outros de nós podem fazer o mesmo, se tentarmos ajudar o Negro em vez de explorá-lo.